わが子の「自ら学習するくせ」を育てる

親の上手な「促し方」

豊田真彰
Masaaki Toyoda

同文舘出版

はじめに

「自分から勉強してほしい」

「うまく子どもを勉強に向かわせたい」

多くの親がこのように思っているのではないでしょうか。

「東大生の育て方」や「〇〇式勉強法」などの教育本を読んでそのやり方を真似してみたり、子どもを塾に通わせて勉強するように仕向けるといった「型」を取り入れるご家庭も多いでしょう。その方法でお子さんが、自ら勉強するようになればよいのですが、なかなか思い通りにいかないのが現実。

「勉強しなさい！」「宿題しなさい！」が、もはや口癖になっているかもしれません。

しかし、本当に親に必要なスキルは、お子さんが自分から勉強（学習）するようになる家庭別、個人別の「促し方」です。

本書では、私の塾や小中学校での講師経験、わが家での実体験から、子どもたちの学習にとてもよい影響を与えることができた「促し方」をご紹介していきます。
「型」ではないので、覚える必要はありません。各ご家庭なりの促し方、お子さん別の促し方を親がしていくだけです。

本書を読み終えたあと、自分がやりやすいこと、わが子に効果がありそうな部分だけでも試してみてください。なぜならば、親も子どもも、個々すべて違う人間だからです。ご家庭によっては取り入れにくいものもあるでしょう。お子さんによっては性格的に合わないものもあるかもしれません。

しかし、一般的なこれまでの「型」とは違う「促し方」が、お子さんと親御さんに必ずよい影響を及ぼすでしょう。
本書を手に取っていただいたあなたとお子さんの、明るい将来を迎えられる一助となれば、この上なくうれしい限りです。

目次

わが子の「自ら学習するくせ」を育てる
親の上手な「促し方」

3章

子どもを知れば、「促し」はうまくいく
―準備編―

4章

—基礎編—
子どもに「勉強してほしい」と思ったら

5章

—学校編—
日常生活の「促し」で学校の授業が好きになる

6章

―予防編―　知らずにわが子のやる気を削いでしまう　親が犯す5つのミス

7章

7つの環境づくり
―実践編―　わが子への「促し」を成功させる

8章

わが子が自分の力で将来を築いていける「促し術」
―明るい将来編―

カバーデザイン　ホリウチミホ（ニクスインク）
本文デザイン　松好那名（matt's work）
本文イラスト　うてのての

1章

なぜ、「促し」は子どもの教育によいのか？

「教える」教育から「促す」教育がやってきた！

本書が、子どもに「教える型」ではなく、「促す方法」を取り上げている理由、それは、今までの「型」では対応できない世の中になってきたことが背景にあります。

世の中の変化は大きく2つあります。

1つ目は、「型」である教育は終わったことが確認できたことです。

文部科学省の学習指導要領の中には、**『「主体的・対話的で深い学び」を実現』**と書かれており、教育関係者から注目されています。これは本来、大学教育のあり方を考える際に使われた言葉でしたが、小学生から取り組まないと、将来間に合わないと私は考えています。

2つ目は、人は興味関心が高いと、つらいと思わず夢中で学習することがわかったからです。

みなさんも経験があるでしょう。好きなことをしている時、夢中になって何かをつくっている時は、時間があっという間に過ぎていること。

同じように、どんなに勉強が嫌いという子どもでも、**好きなことの学習は大好きな**のです。

とても当たり前のことですが、その当たり前が**日常生活に活かせたら最高の学びと幸せが得られます**。

2020年度は、大学入試改革が行なわれ、これまでのマーク式・記述式から、論文や面接がより重視されます。今後数年、日本の教育は大きな転換期となります。親が「促す」ことで、お子さんへの教育を時代遅れにしないようにしましょう。

では、本書で扱う「促し」の意味を説明します。「促し」には、「誘導」「教える」

という似た言葉があります。むしろこれらの言葉のほうが日常的によく耳にすると思います。それぞれの言葉の意味を考えていきましょう（出典：『デジタル大辞泉』）。

【誘導】 人や物をある地点や状態に導くこと。例えば「お客様を非常口まで誘導する」「車を停止位置に誘導する」と使う。

【教える】 知っていることを相手に告げる、または知らせること。例えば「トイレの場所を教える」「料理のレシピを教える」と使う。

【促す】 **ある行為をするように仕向けること。** 例えば「よく考えてから答えを出すように促す」「注意を促す」と使う。

現代は物やサービスが溢れたとても便利な世の中です。また、家族構成や働き方の多様化、社会経済もハイスピードで発展し続けていることはみなさんもよくご存じだと思います。

しかし、それは今の若い世代や子どもたちにとっては決して喜ばしいことばかりではありません。便利すぎる世の中であるため、「自分で考える」「自分で行動する」

「人と面と向かって話し合う」という力が低下しています。

これは私が小学校でのコーディネーターとして授業に携わった時にも強く感じます。自ら調べたり、興味・関心を持つことに乏しく、知識はあっても実際に行動まで結びつかない、対面でのコミュニケーションがうまく取れないという子どもたちが増えています。さらには、新社会人も例外ではありません。

この「自ら考える・行動する」という姿勢や態度は、今後のAI・ロボット社会には必須の力になります。そして、残念ながらこの力は学校や塾の先生ではなかなか育てることができません。その理由は2つあります。

【理由1】現在でも「教える」教育が中心で、子どもたちに自分で考えさせるための「促し」教育ははじまったばかりのため。

【理由2】先生は子どもの家庭での様子をすべて把握できないため。その要因の一例として、共働き世帯が増えたことで、学校と家庭の情報交換や共有の場であった家庭訪問が年々減少している。

念のために申し上げておきますが、学校や塾の先生を批判しているわけではありません。

日常生活の中心は自宅です。いくら学校で長い時間を過ごしているといっても、**自宅を中心に子どもは日々成長**していきます。体も精神も考え方や価値観も変化していきます。それを知る環境にあるのは唯一、「お家の人」である親だけです。

したがって、子どもが成長に合わせて「自分で考える・行動する」習慣を身につけていくためには、家庭で子どもの状態や様子を見られる親が効果的にその習慣を促すことで実現するのです。

では、どんな「促し方」があり、いつ、どのように促していけばいいのか？　これから、具体例を交えながらご紹介していきます。

まとめ
「教える」教育から「促す」教育へ

子どもの「学習意欲」は親の促しで伸ばせる

勉強が苦手な小学生こそ**「教える」**より**「促し」**が伸びる理由

「教える」というのは相手に「知識を与える」「技やテクニックを知らせる」ことです。これらのことは、授業に出席しなくても本やインターネットで知ることができます。言い換えると、頭で理解することです。

対する「促し」というのは、お子さんに**「考えさせる」「意識（イメージ）させる」**ことです。頭だけで理解するのではなく、心で考えて、意識（イメージ）してわかる。単に本を読んで「わかった」というだけでは、子どもはなかなか行動を起こしません。子どもは自分の心で納得した時に初めて行動を起こします。

そこで、**促しによる「意識」の共有**が必要です。ここでいう「意識」とは、物、事柄や状態に気づくことです。「教える」とは意味を理解してもらうことですが、教えた通りに動いてくれるかというと、そうとは限りません。「ちっとも言うことを聞かない！」なんて感じたことも少なくないのではないでしょうか。わが家も例外ではなく、小学生の娘に「意識」を共有するために「促し」をしています。

例えば、子どもに「勉強しなさい」と言えば、言うことを聞いて勉強するかというと、理屈（言われた）だけで行動する子どもが少ないのが現実です。特に子どもが「今からやろうと思っていたのに」と思っていた場合、言われたことでやる気がなくなってしまうこともあります。

それに対して子ども自身が、なぜ勉強をするのかを納得している場合は、自分から机に向かうようになります。子どもは好奇心のかたまりなので、すぐに「やってみよう」という気持ちが自然に行動に移ることが多いのも特徴です。

言ったことを素直に理解してもらい、動いてもらうには、お互いの「意識」の共有と日頃からのつき合いの積み重ねが重要になります。

現代のコミュニケーションは、メールやインターネット、ＳＮＳに依存しすぎる傾向があります。近年、共働き世帯が増え、家族が共に過ごす時間が激減しています。接する時間が少なくなったのであれば、限られた時間の中でお子さんとのつき合い方も工夫する必要があります。大事なのは話すこと、お父さん、お母さんとお子さんのお互いの考えや気持ちを話の中に登場させて、「どうしようか？」と考える習慣を育てることを忘れないでください。

まとめ

親の「促し」で、子どもは「心で考える習慣」が育ちはじめる

小学生が本気になる上手な「促し方」

「宿題やりなさい！」

どの家庭でも聞かれるセリフではないでしょうか？　そして子どもはグズグズしながら、イヤイヤ机に向かいます。ここで子どもが宿題に取りかかるのに時間がかかってしまうと、２発目のお母さんミサイルが飛びます。「まだやってないの？」というおなじみのフレーズです。すると、子どもは「今やろうと思ってたのに！」とさらにやる気をなくします。

子どもが宿題をはじめるまでに時間がかかっているのは、**自分で宿題をやる心の準備をしている**からです。親から見れば、なかなかはじめない態度が目についてしまうので、2発目のミサイルを放ってしまいます。お気持ちもわかりますが、子どもが「今やろうと思っていたのに」という、心がざわついた状態ではせっかくの復習になる宿題も身になりません。

時間がかかっても見ない振りをして、2発目のミサイルを極力控えると時間が解決してくれます。言われた子どもの気持ちを、自分の子どもの頃を思い出しながら少し待ってあげてください。

次に、**やる気にさせる雰囲気づくり**です。宿題や学習をやろうと机に座ったものの、なかなかはじめないということがあります。机に向かって座っているのでやる気はあるという状態です。

しかし、そのやる気が上がって本気になっていない状態です。この状態が頻繁に起こっているのであれば、一度子どもの机を模様替えしてしまうのが効果的です。

例えば、学習机に遊び道具やポスターがあると、どうしても気が散ります。机は学習するための道具という認識をさせてあげるために机の上はもちろん、引き出しや机の見える部分には遊び道具やポスターを置かないようにしてください。こうすることで、気が散る物がなくなり、教科書やノート、筆記用具しか目に入らなくなります。

それでも……、という場合の方法として、宿題はリビングのテーブルでやらせましょう。わが家の娘もそうさせました。

「でも、リビングはテレビやキッチンなどの生活音で気が散りませんか？」と思いますよね。もちろんテレビは消しますが、妻は普通に家事をします。

そこで最大のメリットが生まれます。音を気にすることなく学習できるようになるのです。つまり、**多少の雑音では気が散らない集中力が身につきます**。

小学生の低学年では、集中していられる時間は5分です。実は大人もさほど時間は変わりません。「もっと長い時間集中して仕事している」という声が聞こえてきそうですが、大人は集中と集中の間隔や、集中すべき事項を無意識・意識的にコントロールするテクニックを身につけています。これは長年の人生経験で身につくものです。

今の小学生は、進学塾などで長時間集中して勉強する場合も珍しくありません。すると疲れてしまい、集中できるはずの5分もさらに短くなり、頭に入ってこない、理解が浅い、進みが遅い、となってしまいます。

小学生は適切な集中時間とインターバルを短い間隔でつくるようにしてください。その感覚の繰り返しが続ける力となって根気を底上げしていきます。

まとめ

準備段階から、子どものやる気を出させる上手な促し方をしよう

親の「促し」は、お子さんの**人生を上向きにする**！

親の促しが子どもの人生に影響を与える真の理由、それはずばり、**わが子に寄り添えるから**です！

親が「子どもの気持ちを考えている」と思っていても、実際は考えている「つもり」になっている場合があります。

なぜなら、**自分のフィルターを通して見た子どもの気持ちにすぎない**からです。

では、自己満足ではなく、「本当の意味で」子どもに寄り添うにはどうしたらよいのでしょうか。子どもは自分とは別の人間である以上、正解はないでしょう。

親である私たちは、自分の見ている世界が、子どもにも同じように見えているような気になりがちです。

しかし、実際には自分は自分のフィルターを通して世界を見ています。価値観、先入観、相手への思い込みを持っているのです。そして、それは相手も同じです。

ですから、誰かとコミュニケーションを取る時には、自分のフィルターと相手のフィルターという二重のフィルターを通していることになります。もちろん、子どもとのコミュニケーションにおいてもです。

親と同等の信頼関係が存在し、相手に寄り添うことができた例があります。フィギュアスケートの歴代の選手たちと佐藤信夫コーチの関係です。

佐藤信夫コーチは指導がとても厳しいことで有名です。２０１４年ソチ冬季オリンピックの時に、浅田真央選手に諭した言葉があります。

すべてのジャンプを失敗したショートプログラムから一夜明けたフリー当日の朝、浅田選手はショックを引きずっていました。覇気のない姿に佐藤コーチは、危機感を覚え、

「リンクで何かあったら、助けに行ってやるから」と言って送り出しました。その結果はフリーで自己最高の142・71点でした（出典：YOMIURI ONLINE　2014年2月22日『「リンクで何かあったら助けにいく」…真央恩師』）。

小学生の子どもは、**親に「見ていてほしい」という気持ち**が根底にあります。「褒められたい」「聞いてほしい」「気にしてほしい」という盛りです。「何かあったら、助けに行ってやるから」という安心感を親が子どもに伝えることができれば、子どもは自然に伸びていきます。

まとめ

お子さんに寄り添うと安心感が伝わる

2 章

子どもの「学習」のために、親が意識したい5つのこと

「勉強」と「学習」の違いが促し方のヒント！

「勉強」という言葉に、「気が進まないことをしかたなくすること」という印象がある方もいるのではないでしょうか。

一方で、「学習」とは、

- **新しい知識の獲得、感情の深化、よき習慣の形成などの目標に向かって努力を伴って展開される意識的行動**
- **過去の経験によって行動の仕方がある程度永続的に変容すること。新しい習慣が形成されること**

という意味があります（引用：大辞林　第三版）。

おそらく、みなさんが普段よく使っている言葉は「勉強」ですね。家では「勉強しなさい！」と言っている家庭も多いと思います。ところが、学校では先生の口から「勉強」という言葉は出てきません。試しに、授業参観などで学校に行かれた際に注意深く聞いてみてください。

では、学校の先生はなんと言っているのでしょうか？

学校の先生は「学習」または「学び」という言葉を使用しています。

前述の言葉の意味をもう一度見ていただきたいのですが、「勉強」はとてもネガティブに感じませんか？　それに対して「学習」はポジティブな雰囲気を持っています。

普段使っている「勉強」という言葉、もしかしたらお子さんに「気が進まないことをしかたなくさせる」というニュアンスが伝わっている可能性があります。

「勉強」を「学習・学び」に言い換えるだけで気持ちが変わる

私が塾や学校で授業をする時、一番気をつけているのは、「学習」「学び」という言葉を使用することです。

以前、塾の授業で「勉強」という言葉を使用していた時がありました。教室内が重い空気だったことを覚えています。子どもたちも気乗りがしていませんでした。「この空気をなんとかしないと……」と考えながら授業を進めていた時に、目の前に座っていた女子児童のノートに目が留まりました。ノートの表紙に大きく書かれていた「学習」という文字に気づき、言葉を切り替えたのです。

すると、**うつむきがちだった児童が顔を上げはじめました**。この時に「言葉ってすごい！」と反省しつつ、驚きを感じたのは言うまでもありません。言葉には言霊《ことだま》があると言われますが、本当でした。家庭でも「勉強」を「学習・学び」という言葉に切り替えてみてください。本当に変わります。

まとめ

言葉の選び方で子どものやる気がアップする

遊びこそ学習の原点

「遊んでないで勉強しなさい！」

お子さんが小学生になると、お母さんが頻繁に言うようになるセリフです。明日学校に持っていく宿題もしないでゲームをしていたり漫画を読んでいたり……。

そこで、少し前のお子さんを思い出してみてください。乳児から幼稚園・保育園の頃は、ひとりで遊んでいても「ママ！　できた！」と言って報告してくれました。できることがひとつ増えるたびに、親も喜んでいましたよね。

小学校低学年では、時間の自己管理や目の前の興味とやることの優先順位を判断する力はこれから身につける時期です。

ゲームは、指を使いながら同時に文字を読みます。ルールもテクニックも覚えます。漫画はストーリーを頭にイメージしながら文字を読み、何が、誰が、どうした、を理解します。**遊びから得た知識（文字や文章・イラスト）や知恵（テクニック）は学校での学習だけでなく、興味・関心・工夫を育てる大事な学びになります。**

ただし、ここで注意するのが優先順位です。親もやることさえ済ませてあれば文句はないでしょう。「正直、言うのも疲れる」と思っている方もいるかもしれません。

そこで小学生の時間管理は親が手伝ってください。お子さんと一緒にルールを決めて、家での過ごし方カレンダーや時間割をつくってリビングに貼ると効果的です。

お子さん本人はもちろん、家族で「見える化」して確認しましょう。

「遊び」は大人になってもストレス発散やアイデアのヒントには重要です。受験の時も全面禁止ではなく、時間や「1日1ステージ」などのルールを設けてみてください。

まとめ

遊びから感じる気持ちを学習や学びに促せる

苦手を得意に、嫌いを好きに変える促し方

「逆もまた真なり」という言葉を耳にしたことがあると思います。子どもの苦手なことは、よく目につくので直したいという親の気持ちはとても理解できます。しかし、その**裏には必ずと言っていいほど得意なことが隠れています。**

例1

「うちの子、飽きっぽくて習い事が長続きしないの」という場合は、興味関心のアンテナが高くて、目に入るいろいろなことがキラキラ見えているお子さんが多いのです。もしくは指導者との相性や雰囲気が合わないのかもしれません。小学生は長続きよりも「やった」という経験が重要です。

例2

「すぐに兄弟げんかをはじめるから毎日怒ってばかりで疲れるわ。もう少し落ち着いてほしいのよね」。最近は男子だけでなく女子同士の姉妹げんかも激しい傾向にあります。しかし、兄弟姉妹げんかで子どもたちは上手なストレス発散をしているのです。

兄弟姉妹げんかをしている時、子どもたちの心の中は「ざわついている状態」です。そんな時は「ハグ」するだけで収まることが少なくありません。さらに効果を上げたければ、ほっぺたをくっつけます（ケガをするような激しいけんかはすぐに止めてください）。

わが家は娘なので、ハグをすると、その時は嫌がりますが、体から離してあげると嘘のように照れながら落ち着きます。小学校中学年まではこれをしてあげてください。言葉や話よりも「触れ合い」効果が高い年齢です。お子さんは触れられることで「安心」します。

今ある苦手なもの、嫌いなものは、それ自体が苦手や嫌いなのではなく、条件がついていることによって、苦手・嫌いになっている可能性があります。

例えば、クラスで一番の「おふざけキャラ」だった男子児童。でも、発表会ではいつも緊張してうまくセリフが言えませんでした。

この児童の場合、「大勢の前で改まった雰囲気」という条件がネックでした。「改まって」人前で何かをやることは苦手だけれど、クラスの友達を笑わせることが好きで得意。少し視点を変えて条件を外すことで、得意なこと、好きなことが見えてきます。

まとめ

「苦手」は「得意」の条件がついた鏡を見ている

小学生のしつけ方は、たった**3ステップ**で失敗しない！

私も読者のみなさんと同じ親として、「うちの子のしつけ方は大丈夫かな？」と毎日のように感じます。そもそも「しつけ」の意味は「礼儀作法をその人の身につくように教え込むこと」（出典：デジタル大辞泉）です。

つまり、**気配りや敬意の態度、姿勢、振る舞いの仕方を教える**ことです。

親は気を楽にして、厳しすぎるしつけによって、お子さんが追い詰められることがないようにしてください。

【しつけのポイント】

低学年：子ども目線で話を聞かせる

学校で、「人の話を聞く」ということを学習してくるこの年齢は、ゆっくり冷静に話をするのがポイントです。

ただし、ふざけて話を聞かない、話を茶化すなどの場合、お子さんの両肩をぐっと抑えて目を見て真剣さを伝えると効果があります。

中学年：あいさつは必ずさせる

礼儀を身につけさせるにはこの年齢が一番です。あいさつがはっきりできるお子さんは、思春期に見られる様々な問題行動が少ないようです。

ただし、子どものあいさつに大人も適切に対応することが必須です。

また、人前での不快な振る舞い、粗野な言葉遣い、間違った言葉遣いなどは真剣に正していく必要があります。

高学年：冷静に叱る

自分の考えやプライドが備わってくるこの年齢に、怒鳴ったり、叩いたりすると反発心が生まれ、それが反抗期へとつながります。

大人の話も十分に理解できる年齢なので、納得いくまで話をしましょう。冷静に叱られたり、注意されたりするほうが効果的な年齢です。

子どものことが大切だと考えている親が本当にやるべきことは、自分の思い込み（先入観や価値観）でレールを敷くことではありません。

子ども自身が「やりたい」と思っていることを大切にして、それを最大限に応援してあげる（寄り添う）ことです。

そうすれば、子どもは能力も自信も意欲もつきます。

子どもの能力・自信・意欲が育つと、大人になってから「自分が何をやりたいのかわからない」と悩むことなく、自分で考えて目標を見つけます。そして次々と自分の可能性に挑戦していけるようになるので、その後の人生も充実していきます。

まとめ

小学生のしつけは低・中・高学年と3ステップ

小学生の「○○？」と言った時が
促すベストタイミング

小学生になると、幼児期と違って少しずつ視野の広さが求められます。幼児期の興味や好奇心、関心は大人には思いもよらないものだったりします。大人から見たら「え、そんなこと？」と思うことも、子どもにとっては「今、これに夢中」状態で、その遊びに集中します。

このように幼児期は夢中になって遊ぶことが大切ですが、小学生になるとそうも言ってられません。

なぜなら、小学生になると集団教育がはじまるからです。時間も管理され、やることの目的や指示が出るようになります。すると、夢中になっていることを最優先に選択できない（許されない）場面が出てきます。そんな時は親が誘導して軌道修正が必要になります。

幼児期の遊びでは、優先度を決定するのは遊びの主体である子どもです。これは選択するということの練習だったと置き換えてみてください。

小学生は遊びを選択するのではなく、学びや活動を選択するようになります。

例えば中学年以降から行なうクラブ活動です。どんなクラブ活動が存在していて自分はどのクラブ活動に参加したいのかを選択します。

また、図工の作品でも版画作成の授業があった場合、図案は自分で何を表現するのかを選択します。音楽発表会ではどの楽器を演奏したいかを選択し、学芸会ではどの役を演じたいかを選択するのです。

ところが、選択できない子どもや、選ぶのに時間のかかる子どもが増えています。

ここでひとつ、参考にしていただきたいことを書いておきます。

首都圏の中高一貫校受験問題を見ると、

① 日常生活の「なぜ?」という視点や認識

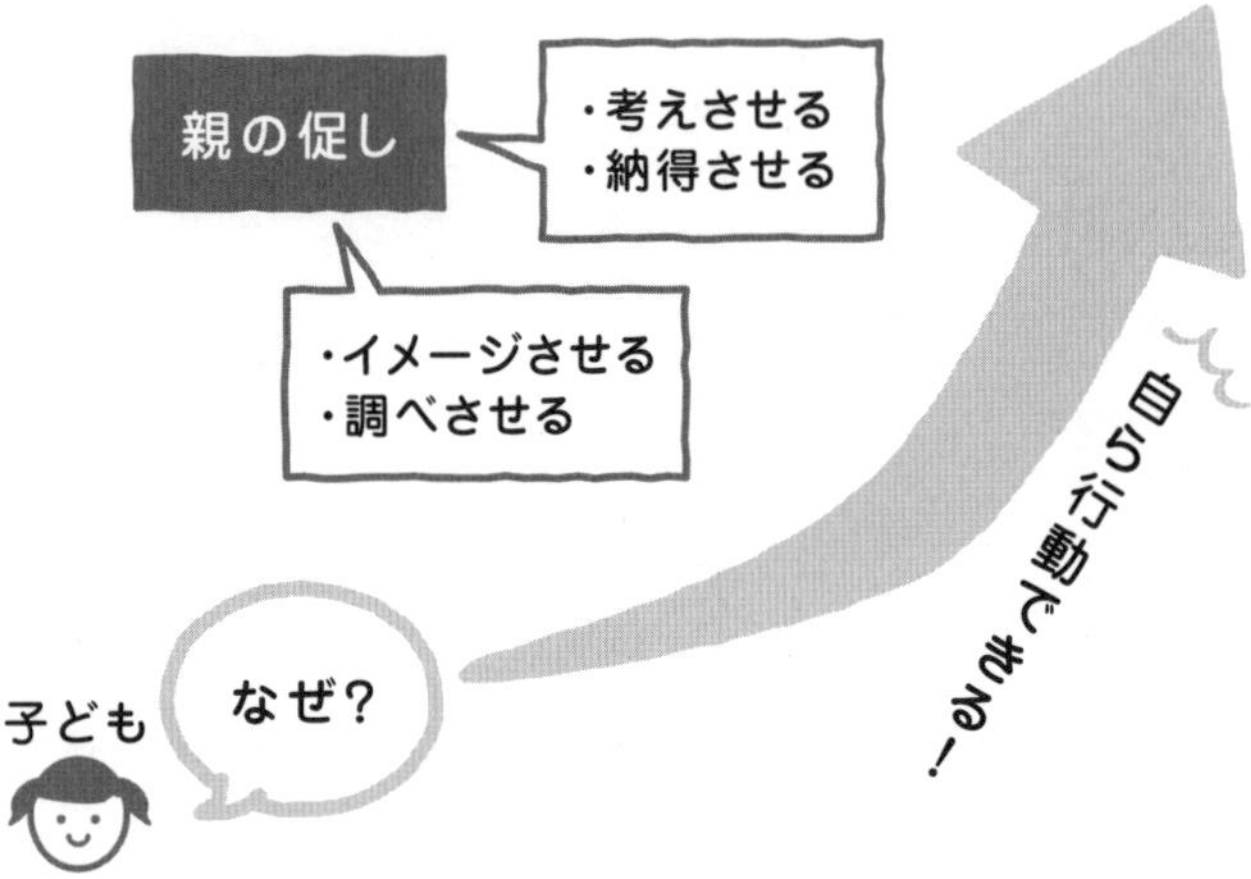

② ①の疑問に対する「調べ」

③ ②の「調べ」によって「私」が考えた・感じた「結論」

が問われています。

受験にかかわらず、**この先の学校での授業や社会生活において、「なぜ?」は必要な力です。**この先、情報量がさらに増えるからです。お子さんが「なぜ?」を感じるように親が促してください。**課題や疑問の機会が多くなれば、子どもは自分で調べます、考えます、結論（自分の仮説）を出します。**

この練習を家庭でしておくと将来、学

校の授業、受験、就職、社会生活などあらゆる場面で、その経験がお子さんの役に立つことでしょう。

これだけは日々の積み重ねがものを言います。

【自分で調べられるようになる促し方】

調べる習慣が少ないお子さんは、調べる方法がわからないので面倒くさがります。

そこで、最初は親が辞書の使い方を示したり、図鑑を一緒に選んでページを探したり、インターネットでの検索の方法を教えてあげてください。インターネットでは、検索に必要な言葉の入力方法も伝えましょう（例：「漢字　小学3年　草かんむり」と、スペースを空けることなどを教えます）。

調べ方の見本を見せることが、「自分でやろう」と思わせる近道です。

まとめ

小学生の「なぜ？」が促すベストタイミング！

3章

―準備編―

子どもを知れば、「促し」はうまくいく

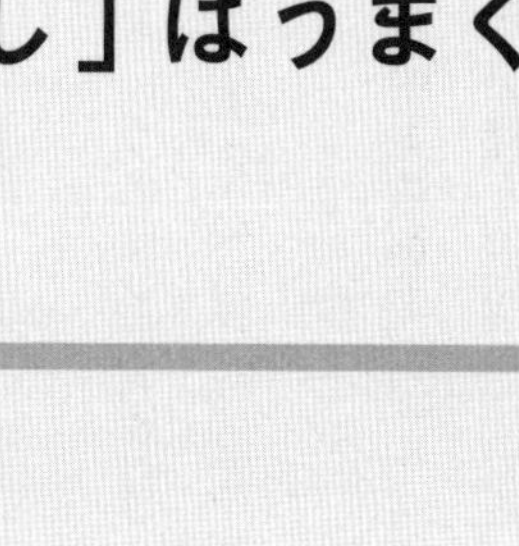

子どもの夢や目標は「**宝探し**」

子どもが、夢や目標を見つける時というのはどんな時でしょう?

読者のみなさんも、「将来の夢」を小学生の時に作文や卒業文集で書いた経験があると思います。

野球のイチロー選手、サッカーの本田圭佑選手、ゴルファーの石川遼選手、テニスの錦織圭選手など、作文で書いた夢や目標を実現していることで有名ですね。

「こうなりたい!」「これをやりたい!」という思いを、文章にして書くと実現性が高くなります。文字で書くことで頭と心の中が整理され、ぼんやりとした考えやイメージがはっきりとしたものに変わってくるからです。

お子さんの夢や希望を実現したいと思ったら、その夢を文字にして机やリビングに貼ってみてください。見て、読んでいるうちに、お子さんが変化していきます。

これは守ってほしいことなのですが、子どもが見つけた夢にケチはつけないでください。せっかくのやる気が消えてしまいます。

「あんたには無理よ、現実を見なさい」「バカなこと言ってないで勉強しなさい」と言うのはもってのほかです。1章で「言霊」について触れましたが、「無理」という単語を浴びせられ続けると、本当にいろいろなことが無理になってしまいます。

【子どもに夢や目標を見つけさせる最短の促がし方法】

それは、親自身がひとつでもよいので夢や目標を見つけること。目に見える目標なら、なおよいです。ダイエットで5キロ減量、マラソン大会出場など。

親がリビングでゴロゴロしながらテレビを見ていると、子どもも同じことをします。親がスマホをしながら話を聞いていると、子どもも同じことをします。親が「人

子どもの興味関心は日常生活に溢れている

生ってこんなもんさ」と投げやりな態度でいると、子どももそうなります。

子どもは親の鏡です。特に小学生は親の背中を見て育ちます。男の子にはお父さんの夢が特に大事です。

子どもの頃の夢、今の夢、夢の大小にかかわらず話してあげてください。

そして女の子も男の子も、お父さんやお母さんの卒業文集や将来の夢、作文を恥ずかしがらず、堂々と読んで聞かせてあげてください。

子ども心に「お父さん、お母さんにも夢や目標があったんだ！」と受け止め、自分の興味関心ごとから「宝探し」に変わる可能性が高くなります。

【小学生の宝物】

夢や目標につながっている、「モノ」としての宝物を持っているのも子どもの特徴です。

女の子なら、きれいな包装紙や箱、包装用のキラキラしたリボンなど。男の子なら、珍しい石や木、カマキリやカブトムシなど。共通して、大人からみたら適当に書いたと思われる絵や文字を書いた紙、折り紙、ゲーム機なども宝物です。

宝物は子どもにとってよい影響があります。関心事の芽となって、将来の夢や目標につながるかもしれません。

宝物をどうやって保管するか、しまっておくかを考えることで物の管理の仕方も教えましょう。物を大事にできる子は、自分の夢や目標も大切にする傾向があります。

まとめ

子どもが見つけた夢にケチはつけない

子どもの興味関心は、促し方で大きな差が出る

みなさんに質問です。

「今、お子さんが一番、興味関心が高いことは何ですか？」

得意なことではありません。具体的に何に興味関心が高いのかをお答えください。


【子どもの学習のきっかけは、興味関心からはじまる】


「うちの子は何に興味関心を持っているんだろう」

それを知り、伸ばしていくのがこれからの新しい教育方法です。

親であれば、「子どもの興味関心をもっと広げてやりたい」と考えます。**子どもの興味関心は身のまわりにあるものすべてが対象です。**近所で見られる動植物や昆虫、芸術や音楽など。親が探せば、子どもに知ってほしいことは多く見つかります。しかし、子どもにもそれぞれ個性があり、親が興味を持たせたいことにいつも都合よく反応を示すわけではありません。

お母さんが植物に興味があって、お散歩途中に見かける花々について説明しても、子どもは上の空、ということはよくあります。

親がいろいろな風景を見せたり文化に触れさせるために旅行に連れ出しても、移動の車中では風景や会話を楽しむどころかゲームに夢中ということもあります。親の思う通りに子どもの興味関心を引き出せるものではありません。

最近は特にそれが難しくなってきたように感じます。それは、ゲームやテレビ、スマホなど、子どもの目を簡単にくぎづけにするものが身近にあるからです。

ゲームやテレビ、スマホが悪いのではありません。それでも、子どもが小さいうちに、世の中の様々なことに目を向けさせる工夫をしていくべきです。それは、今興味を持てないものでも、子どもの成長過程で役に立ったり、あとになって関心が湧いてくることも多いからです。

ピアノの習い事を例にあげてみましょう。なかなか上達しなかったとしても、習い続けることでピアノの譜面を読むことはできるようになるはずです。これは大人になってからも役立つ大切な力を身につけたと言えます。

また、自然に対する興味を育てたいと思った場合、子どもを釣りに連れ出したり、キャンプをしても肝心の子どもはまったく自然に関心を示さないという場合も。

それでも川遊びや料理などをその子なりに楽しめれば、親子で楽しく過ごしたかけがえのない思い出はできるはずです。植物が大好きな母親と出かけるたびに「桜の花が咲いたね」と植物の名前を聞くことになれば、その時は聞き流していたとしても、あとになっても記憶として季節や花の名前、色が残っています。

また、親が促した時には何の興味関心も示さなかったとしても、成長と共に「小さい頃よくこんなことを親が言っていたな」と思い出して、だんだんと好きになっていくこともあります。

子どもが大人になって、今までやったことのないものに関心が出てきても、一からはじめるのは勇気がいることでしょう。ですから、小学生の間にいろいろな分野に興味を持てるよう、親が促す（仕向ける）のには大きな意味があるのです。

しかし、「習い事をたくさんやらせてみよう」というのは、金銭的にも時間的にも精神的にも親も子も大変です。毎日子どもと接している親であれば、「これはうちの子が興味を持ちそう」とわかってきます。お子さんに合っていそうなものを見出し、関心を持つようならそれを伸ばしてあげられるように促すとよいでしょう。

まとめ

お子さんの興味関心を増やすきっかけをつくる

興味関心のきっかけづくりで成績が変わる！

学校の成績のつけ方には2つの方法があります。

①「興味・関心・意欲・態度」の項目でつける「平常点」

②「テストの点数」でつける「考査の得点」

例えば、提出物や宿題を忘れた場合は平常点が下がります。考査の点数は下がりません。しかし、テストの点数がよくても、平常点が悪いと成績は伸びません。

親が学校の成績のつけ方を理解することは、子どもを理解する一歩です。テストの点数は瞬間的な「考査の得点」にすぎません。重要なのは前述してきた得意なこと、興味関心を学校の成績にどう結びつけるかです。

子どもが学習に向かう動機は2つ。

①主体的学習動機

【学習内容に対する好奇心や関心】

例：「新しいことを知ることができてうれしいから」「問題を解くことが楽しいから」

【自分の価値観や「こうなりたい」という思い】

例：「将来やりがいのある職業に就きたいから」「自分の夢をかなえたいから」

②家庭・学校環境や強制による学習動機

【まわりに合わせる安心感、やらない場合の不安感】

例：「小学生のうちは勉強しないといけないと思うから」

【褒められたい・叱られたくないといった賞罰や義務・強制】

例：「親に褒められたいから」「成績がいいと、ご褒美をもらえるから」

成績アップをめざすなら、単にテストで高得点を取ればいいという考え方ではなく、疑問を知る過程や考える過程を楽しみ、大切にすることが効果的です。また、学習内容に好奇心や関心を持たせるには「きっかけづくり」が何よりも大切です。

では、「きっかけづくり」の具体例を見ていきましょう。

▼動植物園・昆虫館・水族館・博物館や科学館などに出かける

生き物が好きな子どもにはその動植物が生きている状態を見せるなど、普段できない体験をすることで本物を知る楽しさに気づくきっかけになります。

▼身のまわりの「なぜ？」に注目させる

新聞やニュース、インターネットで気になることがあったら、インターネットで調べる、図書館で調べる、関係施設に質問の手紙やメールを書くなど。何かを調べるための第一歩を一緒にすることで最初のハードルを下げ、「なぜ？」の興味関心を広げましょう。手紙やメールは文章を書く練習にもなります。

▼親の仕事について話をする

親自身が、どんな仕事をしていて、どういう思いで仕事に取り組んでいるのかを話しましょう。子ども自身が社会のしくみを考え、自分の未来像を思い描くキャリア教育になります。

子どもが自ら「おもしろい」「もっと知りたい」と感じたり、将来について「こうなりたい」と思える夢や目標を見つけている場合は、その芽を摘まないように応援することが大切です。

とはいえ、小学生の場合はまだ自分で夢や目標がわからない、気づいていないというケースがほとんどです。前述の例を参考に、いろいろな事柄に触れさせる中で「もっと知りたい、こうなりたい」を子ども自身が意識する機会をたくさん持てるようにしてあげると、自ら視野が広がるようになります。

まとめ
「うれしい」「楽しい」がやる気の正体

うちの子、**理論派？　実践派？**促し方を変えよう

子どもが大人になった時に必要な力は4つあります。

①基礎能力

基礎的な学力や知識、物事や状況を的確に捉える能力のことです。場の空気を読んだり、会話の文脈を理解する力も、実は基礎能力の高さに依存します。

②性格

個性や気質のことです。「外交型↔内向型」、「理論派↔実践派」、「繊細↔大胆」、「瞬発型↔持久型」があります。

③価値観

物事の捉え方や優先順位に影響する「モノサシ」のことです。②の性格とは正反対で、価値観は数々の経験を通して徐々に形成されます。

④思考様式

価値観同様に数々の経験を通して身についていくのが思考形式で、物事を考える手順やその傾向のことです。

引き出しを多く持ち、その状況ごとに適切な対応や考え方を選択できることが最善ですが、多くの人はついつい自分が慣れている思考回路で物事を判断します。

ここで、私が注目してほしいのは②性格です。

性格以外はその後の環境で変化しますが、生まれながらに持っている個性や気質はまず変わりません。特に、自分の子どもが理論派か実践派かを知るだけで学習へのアプローチ方法が変わります。

理論派の子どもに「とにかくやってみよう！」と言ってもなかなか行動しません。頭で一度理解するという準備運動が必要だからです。

反対に、実践派の子どもに長々と解説しても頭に入っていきません。「とにかくやってみたい！」という気持ちでうずうずしているので、説明や解説はほとんど聞いていません。

わが子が理論派なのか？　実践派なのか？　それを判別できると、学習だけでなくスポーツや習い事でも効果的なアプローチができるようになります。

では、理論派か実践派かを判別するチェック項目を見てみましょう。親のあなたから見てお子さんに当てはまるものをチェックしてください。

①やる前から失敗した時のことを考えている
②とにかく結果を出すのが楽しそう

③「ひらめいた！」と言って実際にすぐにやっている
④失敗したり、勝てないとクヨクヨする
⑤説明がないと不安がる
⑥目の前に置いてある物を「触っちゃダメ」と言われても触りたがる

①④⑤は理論派、②③⑥は実践派です。チェック数が同じ場合は両方の性質を持っている状態です。

理論派には、まず納得のいく説明や解説をしてから、ドリルやスポーツをさせる。
実践派には、ごく簡単なルールや説明のみに留め、ドリルやスポーツをさせる。

どちらのタイプかを知るだけで促しの効果が断然違います。

まとめ

理論派・実践派を確認して、促し方を間違えない

小学生の子どもと親の距離を広げない方法

どんな親でも、わが子の幸せを考えない人はいません。

しかし、親は親として子どもの幸せを考え、子どもは子どもで自分なりに幸せを考えるので、個人や世代間の価値観や考え方のずれが生まれます。悲しい現実ですが、**親が子どもの幸せを考えて一所懸命になればなるほど、このすれ違いによる問題が深刻になる場合があります。**

世間一般的な親の価値観と世間体の例です。

心身共に健康で健全になる、心豊かな人間になる、思いやりのある人間になる、人並みの生活が送れる、みんなが知っている会社に就職する、親や世間に迷惑をかけない、何事にも積極的に取り組める、学校ではテストでよい点数を取る、自分の子どもだけは幸せになってほしい、人に好かれる、いい学校に入る、など……。

いかがでしょうか。親としては当然の要求ですよね。

ところが、子どもの思いはこうです。

自分のしたいようにしたい、自分の行きたい学校に行きたい、干渉しないでほしい、友達と比較したり、テストの点数で判断しないでほしい、親だからといって力ずくで押さえ込まないでほしい、もっと遊びたい、もっと体験してみたい、性格や実力に合ったことをしたい、もっと話や言い分を聞いて、など……。

読者のみなさんも小中学生の時に少なからず抱いていた感情ではないでしょうか。

私自身、親になって初めて親の要求（イメージ）と、あの頃自分が抱いていた気持ちの違いに気づかされました。

そこで、お子さんとの接し方で注意しておきたい点を見てみましょう。

・世間体を教育やつしけの基準にしない
・子どもの基礎能力や性格に合った知恵の教育をする
・子どもに合った経験をさせる
・子どもの話を聞いてあげる
・子どものせいで親が苦労しているとは言わない
・親にも間違いがあることを忘れない
・責任転嫁を教えない
・子どもとの約束は守る

子どものことが理解できなくなった時、距離が遠いと感じた時、このページを見て思い出してください。

まとめ

小学生の子どもとの距離は広げない

4章

―基礎編―

子どもに「勉強してほしい」と思ったら

テストの点数を上げたければ、身近な質問が効果的！

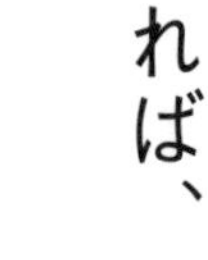

テストの点数を上げるために勉強するのか？

勉強すればテストの点数が上がるのか？

「ニワトリが先か、卵が先か」ではありませんが、親や塾の先生にしてみれば、子どもの勉強の効果測定が一番わかりやすいのはテストの点数です。

当然のことながら、テストで合格点が得られなければ受験にも合格できません。しかし、私の塾では塾生やそのご家族にお伝えしていることがあります。

それは**「テストの点数に価値を集中しない」**ことです。

①何のためのテストか？　目的を確認・認識する

テストの点数は、どれだけ自分で調べたかのモノサシにすぎない。「何がわかったのか？」がわかるためにテストがある

②どうやって学習するのかを考える

どうやって調べたら質問の答えが探せそうかを考えるのが重要

③テストのための勉強はしない！　学習する時の注意点やコツ

・テストの点数のための勉強はつらいだけ
・質問の答え探しは実際にやってみると楽しく、癖になりやすい
・応用（身近な疑問や質問）が先で、基礎（知識）があとだと、実は理解が早い

【塾生や自身の娘にしている質問の一例】

「昆虫には耳はあるのかな？」
「なんでその漢字に草かんむりがついているんだろう」

「三角定規の角って、全部足したら何度？」
「警察署や消防署に休みはある？」
私は、塾生の一人ひとりに質問をして、自分で答えを探させるきっかけを促すことに集中しています。この「どうして？」「なぜ？」が科学（小学校の理科）の本当の意味だからです。

テストのための勉強はつらく、身につきません。すぐに忘れます。人から質問されて興味関心を持って答えを探すようになると、自然に調べることが習慣になります。

自分で考えて気がついたことは、予想を超えて長期間、「体」が覚えてくれます。頭で考えて覚えることも大事ですが、心で理解して体で覚えることができたら一生ものです。

まとめ

身近な疑問や質問が先で、知識があとだと理解が早い

刃物教育は、小学生の時に家庭でする早期教育

【刃物を体験させると伸びしろが増える】

①何のための道具かを知る（道具を知ることで自分でできることが広がる）
②どうやって使うのかを知る
③道具を使う時の注意点やコツ（どの程度の力、どの方向で刃を入れるかを知る）
④うまくいかなくても「こうすればいいのかな？」と自分で考える・工夫する
⑤できた時は素直にうれしいと感じ、「こうすればいいんだ」と心で認識して体で覚える（成功例と失敗例を繰り返し、心と体に教え込む）
⑥強いイメージが体に残るので時間が経過しても陳腐化しにくい

学校の体験教室では授業の時間数や時間の関係で①〜③で終わることがほとんどです。特に最近は刃物を使わせることを避ける傾向にあります。理由は、家庭で刃物を使う機会が激減しているため、刃物の取り扱いに慣れていない児童が多く、ケガを避けるためです。

しかし、本当に大事なのは④〜⑥の実際に体で覚えることなのです。

以下は、実際に私が娘にした刃物教育の経緯です。

幼児：はさみ・のこぎり
小1：包丁（市販の子ども用の小さい包丁を使って野菜を切る）
小2：カッター（鉛筆を削る）
小3：きり（ペットボトルや木材に穴を開ける）、カマ（稲刈り体験）
小4：電動ドリル、ノミ

今でも忘れません。小1の時の包丁使いは見てられませんでした！　指を切ったことも数回あります。最近は指を切ること自体もなくなり、切っても傷を自分で押さえながら手当てができるようになりました。

刃物という道具が使えるようになりはじめると、自分で考えて工夫しはじめます。最初は親としてかなりの勇気がいりますが、一度身につくと上達スピードが速いのも小学生の特徴です。ご両親が不得手でもおじいちゃん・おばあちゃんが得意なご家庭も多いでしょう。

今後、電化製品もさらに便利になることが予想されますが、

・普段の道具（機械）にしか慣れていない何もできない人と
・ある道具だけでも工夫してモノをつくったりできる人

どちらの人が自主性・創造力・行動力・適応力があるのかご理解いただけると思います。百聞は一見にしかず、百見は一経験にしかず、です。

まとめ

刃物は五感を刺激し、教育してくれる教材

夏休みの宿題は一気にやらない！

子どもの夏休みの宿題。親にとっては早く終わらせてほしいと思いますよね。しかし、夏休みの宿題の進め方を間違えると、2学期からが大変になります。

【私の塾での取り組み】

親にしてみれば「夏休みの宿題はさっさと終わらせてほしい！」そう思うのが常です。

実際、中には宿題を一気に片付けてしまう子はいます。やることをやってあとは遊ぶ。今までの価値観では優等生ですね。

ところが2学期に入ると、意外に1学期の学習を忘れてしまっているお子さんも少なくありません。

親から見ると「やることをやれば、あとは遊んでもかまわない」と考えてしまいそうですが、子どもの視点で考えると、**学校の授業のように毎日コツコツしておくと、2学期がはじまる時の不安が減ります**。

なぜならば、授業に入る準備ができるからです。この準備運動のような過ごし方が2学期に向けて重要になるのです。

そこで、私の塾では2学期がはじまる3週間前からトレーニングとして「**夏休み3週間トレーニング**」をしています。

トレーニングでは国語と算数の文章問題をします。辞書や図鑑を使います。問題の内容には理科も社会の要素も入っているので、（小学3年生以上は）問題を解いているうちに1学期の学習を少しずつ思い出します。

なぜ3週間がキーポイントなのでしょうか。

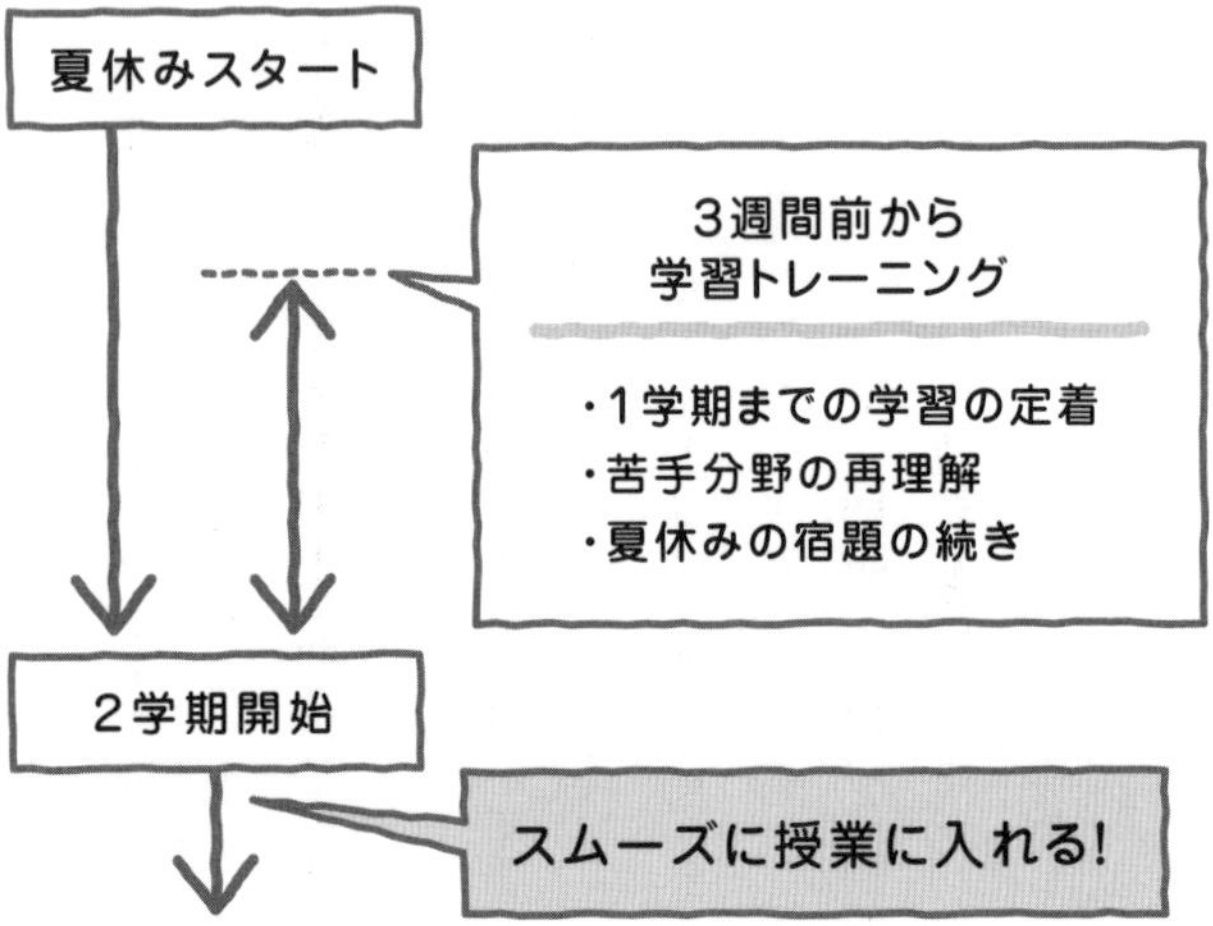

2学期に入ると授業はすぐにはじまります。その時に学習できる状態を調整していくのに小学生には3週間がちょうどいいからです。

夏休みに2学期の予習は重要ではありません。1学期までの学習の定着、苦手分野の再理解、そして夏休みにしかできないお出かけや経験が重要です。

昨年、あるお母さまとお話をしました。

「子どもに夏休みの宿題計画をつくらせたのですが、なかなか計画通りに進まなくて……、どうしたらいいでしょう」とおっしゃっていました。

「計画通りに進まなくて大丈夫です！　最後までやり遂げさせることを大切にしてあげてください」と私は答えました。


不思議と計画通りに進んだ子どもよりも、予定通りでなくてもやり切った子どものほうが、実行力、粘り強さ、やり切る力が想像を超えて伸びます。

次の夏休みからは、「宿題やったの？」はやめて、「夏休みの宿題はどこまで進んでるの？　見せて。今日はどこをやる？」と言ってみてください。

お子さんはここで、夏休みの宿題の何をやるのか？　自分で決めるようになります。

まとめ

2学期に向けての準備運動のように宿題をやる

夏休みは「きっかけづくり」が最重要！

みなさんは、お子さんと夏休みの過ごし方を話し合ったことがありますか？

小学生は夏休みの過ごし方で、大きく才能を開花させるきっかけが生まれやすい大事な時です。

例：お母さまAさんの悩み

Aさんは現在、小学6年生のお母さま。

来年度、お子さんは学区内の公立中学へ進学予定。受験はありません。公立中学であっても自治体が行なっている学力調査テストでは常に上位に入るなど評判も上々なので、学校について不安はないとのことでした。

しかし、お子さんが大学入試をする時にはセンター試験が廃止され、新入試制度の切り替わりの時期になります。そこで、お母さまの悩みを聞きました。

お母さま：「うちの子、これからどのように教育していけばいいでしょうか？」
塾長　：「お子さんの得意なことは何ですか？」
お母さま：「特に秀でて得意なことはないかもしれません……」
塾長　：「質問を変えますね。お子さんが今、夢中になっていることはありますか？　宿題をあとまわしにするぐらい夢中になっていることです」
お母さま：「……」
塾長　：「まずは、お子さんが今、どういう状態にいるか？　お母さまが知ることが一番大事です」
お母さま：「ちょっと気にして観察してみます」
塾長　：「後日、都合のいい日で構いませんので、結果を教えてください」
お母さま：「ぜひ、相談させてください」

お母さまの気持ちは十分に理解できるのですが、大切なことをお忘れになっていました。

「わが子を見ること」です。

小学6年生にもなると、学校の成績が関心事の中心になります。目先の不安が気になってしまうため、お子さんの「今」を見失いかけていました。

今後は直接的な成績よりも「お子さんのよさを伸ばすこと」つまり、**お子さんが夢中になれる、または得意で自信がある知恵と経験、技術を身につけること**が一番大切になります。

その**きっかけづくりやきっかけそのものが夏休み**です。きっかけがなければ、夢中になるモノやコトも生まれにくいものです。

知識は社会人になってからでも十分に学べます（本人次第ですが）。ところが、知恵と経験、技術を身につけるには、きっかけと機会、時間がかかります。

そのお母さまが悩むのも当然で、新大学入試制度、今後の高校入試制度は現時点で詳細が決まっていません。だから、先生も何をどうしていいのか、現時点では正直わからないのです。

ただ、世界に視点を移すと「知恵と経験、技術」が問われ出しており、試験の評価対象として導入される傾向が増加しています。

この流れは日本の大学にも押し寄せていて、各検定試験の合格級などを試験評価の対象として正式に導入している大学（高校含む）も年々増えてきました。

お父さん、お母さんが現在の受験体制を経験していればお子さんに教えることも可能ですが、そのケースは少ないと思います。

最初の段階として、家庭でお子さんの今後をどうしたらベストな方向に向けられるか？　悩んだ時はまず、お子さんを観察して今の状態を把握してください。

その結果、お家の方が対応できない場合は学校の先生や塾の先生にご相談ください。そのほうが親にとっても方向性がブレずに安心できるはずです。

まとめ

夏休みは「知恵と経験、技術」のきっかけづくり

春休みの復習は効果絶大

春休みの一番大事な過ごし方をご存じでしょうか？

特に新3年生のお子さんをお持ちのお父さん、お母さんにはご参考にしていただきたいと思います。

すでに中学受験を考えているご家庭では、小学3年生から進学塾に子どもたちが通いはじめます。その理由は2つあります。

理由①：3年生から教科が増えて範囲が急に増えるから

「3年生から塾でしっかり基礎を」というお馴染みのフレーズにもあるように、3年生になると新しく理科、社会が加わり、生活に代わって総合的な学習の時間になります。この他にも外国語活動（英語）の授業が増えます。
理由②：進学塾の入塾テストは3年生になる前だと入塾しやすいから
塾から見れば、成績のバラツキが小さいうちに入塾してくれたほうが、教え方にブレがなくて楽と言えます。

となると、お父さん、お母さんが1・2年生の時に家庭で子どもの宿題を見ていた場合、どんな漢字が出てきて、どんな計算をして、どんなことを作文に書いているか、見ることができたわけですが、塾に通い出すと、学校の宿題はあまり見なくなります。

そして塾からも宿題が出るようになります。当然、忙しいお父さん、お母さんも子どもに任せて、宿題を見ることも少なくなっていきます。

すると、塾に任せてしまう→子どもに任せてしまう→親は子どもが今、どんなことを学習しているのかわからない……という構図に陥ります。

しかし、行きたい学校に合格するための勉強と、その先の進学する学校や社会人になった時に役に立つものは、勉強の内容ではなく、1・2年生の時のように触れ合いながら学ぶ姿勢や態度のほうが大切なのです。

それは、受験勉強のように頭で理解するのではなく、心で理解し、体で覚えるからです。親子で触れ合いながら学んだことは成長しても強くイメージに残ります。これは、親にしかできない学習法です。

毎日の仕事や家事で忙しいことは重々わかります。しかし、可能であれば4年生までは1・2年生の頃と同様、学校の宿題は親が見てあげてください。

そして、習い事のない日はお友達と遊べる日を設けてあげると、子どもも気持ちを切り替えて過ごせるようになります。

最近のテレビで、中学受験問題をクイズにしている番組をご覧になったことがありますか？　親世代が小学校で学んだ内容とかなり違っています。クイズ感覚でつき合うように宿題を見てあげるとお子さんとの関係も良好になります。

わが家の娘も新3年生の時、春休みは復習をクイズにして一緒に過ごしました。

漢字クイズ：1・2年生で習う漢字
算数クイズ：1000までの数、足し算、引き算、掛け算、分数
読書クイズ：国語で習った物語　登場人物、物語の内容など
といった内容です。

【春休みの復習の3ステップ】

① 3学期の通知表を持って帰ってきたら、1学期から並べて弱いと感じる学期に何を習ったかを見つける
② その習った時期の教科書、ノート、プリントを出す
③ ②部分をクイズ形式にして復習する

これをすると3年生以降の学習に大きな差が出てきます。ぜひ、実感してください。

まとめ

春休みの復習は弱い部分を効率的に強化できる

5 章

―学校編―

日常生活の「促し」で学校の授業が好きになる

授業に遅れない！
家庭でできる4教科予習法

そもそも予習は必要なの？　と悩まれている方も多いと思います。少しでも前に勉強を進めておけば安心なのでしょうか。詳しく考えていきましょう。

実は、学校や先生の立場では、あまり先取りしてほしくないというのが本音。

その理由は、学校では学習する順序が決まっているからです。

また、学校は集合教育なので、授業でわかっている子だけが積極的に発表してしまうと、他の子の理解に影響してしまう可能性が出てきます。

「それはわかるけれど、本人が『やりたい！』『教えて！』と言う場合は教えてもいいかしら？」

と悩む方もいらっしゃるでしょう。

私の見解は、「予習してもよい」です！

ただし、大切な条件があります。これを守らないと逆効果になります。中途半端な予習になるようであれば、復習に徹してあげてください。

特に小学1～4年生はしっかりした復習をして土台をしっかり固めるようにします。高学年5・6年生の学習では、1～4年生のことを使って学習が進んでいくからです。

【予習をする条件　これを間違えると逆効果！】

条件①　本人がやりたい

本人が「楽しい！」「教えて！」という場合は、前向きな意欲があってすばらしいお子さんです。そのようなお子さんは予習が効果を発揮します。

逆に、勉強が苦手なお子さんは復習に徹して土台を固めるように促してあげてくださ い。

条件② 順番を守る

学習には順番があります。私の塾でも、漢検や算検ですでに飛び級（自分の学年より上の級を習得）しているお子さんもいますが、必ず順番通りに指導してきました。飛び級ができるお子さんというのは、①学習が楽しい、②興味関心がある、③前向きな気持ちを持っている、④順番に進められる、これらが揃って学習するスピードが少しずつ速くなって前に進んでいます。

決して内容を抜かして（スキップ）いるわけではありません。少しでも精神的に苦手意識があると、たとえ一瞬早く進めても、後々復習に戻らなければならなくなります。

予習は条件がクリアできて、初めて効果を発揮します。お子さんそれぞれの状態をご家庭で確認してください。

まとめ

予習はお子さんの気持ちと順番が重要

宿題は「家庭の姿勢」を評価されている!?

宿題とは、先生や学校の立場から言えば、「先生と児童」の約束ごとです。

しかし本当は、学習習慣を身につける大切な「家庭学習」のことです。わかりやすく言うと、お子さんに対して**「ご家庭でどういう学習の取り組みをしているか?」が試されている**のです。

つまり、宿題はお子さんを評価しているのではなく、家庭の姿勢や取り組みを評価しており、それは通知表の評価にも反映されています。

そもそも、なぜ学習習慣を身につけないと困るのでしょう。理由は簡単。

社会に出て、本を読む人・読まない人、結果が出るまで努力する人・努力しない人、すぐにあきらめる人・粘り強く積み重ねる人の違いが出るからです。よい習慣を身につける手法のひとつが宿題なのです。

【宿題をする習慣を身につける促し方】

▼小学1・2年生

時限数が少ない低学年のお子さんは、学校が終わった解放感から宿題の存在自体を忘れます。帰宅後に「明日先生に出す宿題は？」などと聞いて、思い出させてください。

この時、子どもがすぐに宿題をはじめられる状態であれば、すぐにはじめさせてください。しかし大抵は、帰宅直後はテンションが高く、宿題をやる状態ではないので、最初にお手紙や連絡帳を出させて、出し終わったら、「何時からはじめる？」と時間を意識させながら質問してください。

そして、時間が来たら「宿題はじめるよ〜」と声をかけて促すと効果的です。また、低学年は宿題でつまずくこともあるので、**手助けできる距離（横に座ってなくても大丈夫）にいることが、毎日の宿題を習慣づけ、継続させるよい方法**です。

▼小学3・4年生

3・4年生のお子さんも、最初にお手紙や連絡帳を出させて、出し終わったら、「何時からはじめる？」と時間を意識させながら質問してください。

ただし、習い事や友達との約束が先で宿題があとになるケースが多くなることも。この場合は、当然帰ってからやることになりますが、必ず、**夕食前に終わらせる**ように促してください。見たいテレビがある場合はなおさら、短くても終わらなければテレビはつけないでください。

なぜ、夕食前がいいかというと、夕食を食べた直後は胃や腸に血液が集中していて、集中力や思考力が一時的に低下し、効率が悪いからです。そのことから、夕食直後は眠くなります。それでもスケジュール的に夕食後になってしまう場合は夕食後、1時間経過してから宿題をはじめるように促してください。

▼小学5・6年生

5・6年生は宿題でつまずいている場合、**つまずいている所まで戻って**探しましょう。5・6年生では1～4年生の基礎が重要です。つまずいている科目については、1年生から今までの教科書をすべて出してみましょう。子どもと一緒に関係する基礎部分を探します。例えば、算数なら、繰り上がり・繰り下がり、九九、単位換算、分数、図形、比、速さなど、ひっかかる部分はどこか丁寧に見ていきましょう。

まとめ

学年に合った宿題サポートが学習習慣につながる

家で宿題をするだけ！
通知表の**評価を上げる3つの秘訣**

前項では宿題をする習慣づけをお伝えしました。しかし、ただ宿題をこなしても通知表の評価は思っているほど上がりません。その後のテストで成果が出ない場合があります。

なぜならば、宿題をこなすという「作業」になっている可能性があるからです。せっかくの家庭学習を自分のものにして、その後のテストで点数が取れる効果的な促し方をご紹介します。

①褒める

必ずやり終えた宿題をチェックしてあげてください。正解はもちろん、字がきれい、筆算が正確、音読は多少つまっても最後まで読み切れた、以前は書けなかった漢字が書けるようになったなど。

ただし、答えが違っている場合は、褒めたあとに指摘して、再度挑戦するように促します。褒める→指摘の順です。逆はNGです。

お家の人に知っておいてほしいことがあります。小学生は自分から宿題をしないのがごく普通です。一方で、お子さんは親に褒められることが何よりもうれしいと感じれば、「もう少し頑張ってみよう」「次も挑戦してみよう」という気持ちが芽生えてきます。

この小さな積み重ねが、宿題をやる（家庭の取り組み）、身についているからテストの点数も確保できる（学習が身についている）、通知表の評価も当然上がる（学校の成績が◎）ことになります。

②一緒に「勉強する」

「勉強しなさい！　宿題しなさい！」と強制して言うのではなく、一緒に机に座って同時に作業をしましょう。

「子は親の背中を見て育つ」と言われるように、小学生のお子さんは親をよく見ています。したがって、一緒に作業している姿を見せると共感覚（お母さんも頑張ってるから私も頑張ろう）が芽生えます。

まだ精神力を育てている真っ最中の小学生に「ひとりで頑張れ」は酷な話です。粘り強いお子さんにするには、親が粘り強い姿勢のお手本を実際に見せるのがベストです。

わが家の例だと、リビングの机に座って、私は仕事の資料づくりを、娘は横に座って宿題をします。集中力が途切れたり、鉛筆が止まったら、少し雑談してみたり、学校の出来事を聞いたり、**「何か困っていることはない？」**と声をかけます。

ここで「宿題しなさい」と言うと、必ず「今、やろうとしてたのに！」と感情的になってふてくされます。ここは親も我慢してください。また、くれぐれも宿題をしている時、テレビはつけないでください。

そして、宿題の答えは直接教えないでください。どこでつまずいているのか聞いて、次に進めるヒントを出します。

苦労して自分で出した答えが合っていた時は褒めてあげてください。「難しかったけど、できた」という実感が大きな自信の積み重ねになります。宿題の少し難しい問題が解けるようになれば、その後のテストでも70点、80点を取れるようになります。

③場所や仕方を選ばせる

小学生は特に多いのですが、「やりなさい！」と言うとやらない、「やるな！」と言うとやりたがります。

「宿題をしなければならない」という事実は変えることができなくても、その他の点でいくつか、自分で決められる選択肢があれば気分がのってきます。

例えば、今日はリビングでしたいか、自分の部屋でしたいか、今日は漢字と算数ドリルと音読の宿題があるけど、「音読からはじめる！」といった感じです。

自分で選択させる場合、子どものタイプを知っておきましょう。

ここで、代表的な3つのタイプをご紹介します。

【気分が勝るタイプ】

頭よりも感覚を重視するタイプなので、感情と経験を同時にパックで行なうと、学習の習慣も一度で身につけてしまうお子さんが多いです。条件はつきますが、短時間で身につけることができるので、その後のテストで80点、90点とテストの点数が伸びます。「いつ勉強してたの？」とまわりから驚かれることもあります。

そんなタイプのお子さんが、小学5年生くらいになって「自分の場所がほしい」「ひとりになりたい」といった発言をするようになったら、お子さんに合わせて個室を準備する時期です。

思春期になると自分だけの世界がほしいので、個室に移行したくなるのは自然なことです。成長に応じて子どもと相談しながら部屋や学習場所をつくってあげてください。

【順番を重視するタイプ】

「必ず漢字からはじめたい」など、順番を重視するタイプのお子さんの場合は、お子さんに順番を選択させてあげてください。子どもの中で取りかかりやすい順番ができているからです。このタイプの子どもは、場所にはそれほどこだわりがありません。

【場所を重視するタイプ】

こちらは逆に、場所（席）が決まってないと落ち着かないタイプのお子さんです。宿題をする場所をお子さんに選択させてください。

3タイプ共通で、宿題、場所、宿題に必要なもの、順番、宿題を終えたあとにすることを選択し終わったら、終了時間の相談をしてはじめるように促してください。どこで勉強をしたいのか、どこだと落ち着くのか、子どもはその時の気持ちや場所を自分で見い出すことができます。そして「やりやすさ」といった理由も子どもなりにしっかり持っています。

親の固定概念や先入観で順番や場所を先に決めてしまうのではなく、子どもの状態を優先して一緒に学習環境をつくっていくことをおすすめします。そうすることで、特に小学校低中学年の場合はスムーズに学習に取り組めるようになり、それが学習へのハードルを低くすることになります。

子どもそれぞれの性格が大きく影響する小学生は、「どこで学習をしたいのか、どうすればより学習しやすいのか」を、お子さんと一緒に考えてつくっていきましょう。

まとめ

褒める、一緒に勉強する、場所や仕方を選ばせる

国語は、読む、書く、話す、聞く・聴く、伝える

国語は母国語であり、すべての教科の土台になるので一番重要な教科になります。そして重要なのは、読むこと、書くこと、話すこと、聞く・聴くこと、そして人に伝えることです。

【読む力の伸ばし方】

教科書や本を読むことで語彙《ごい》を学びます。当然、読めば読むほど語彙は増えます。また、本を読むことで、言いまわしや表現を知ることができます。

選書はできるだけ子どもに任せて、本の厚さ、文字数にこだわらず、子どもが読みたいと手にした本がベストです。小学生は1週間に2冊、1年間で100冊以上を目

標にしてください。

【書く力の伸ばし方】

年齢に応じた漢字、送り仮名、ひらがな、カタカナは、意味を適切に活用する力です。相手に伝わる文章を書くには、書く練習をするしかありません。作文コンテストやコンクールに参加して感性を刺激するのもいいでしょう。また、読書感想文を書くのはまとめる力にもなり、おすすめです。

【話す力の伸ばし方】

今の小学生は日常生活で話すことより、文字やイラスト・画像・映像で伝え合うことが一般的な世代。話すこと自体が減っているので、家庭で学校のこと、習い事のことなどを話すように促してください。

ただし、ひと言で終わる質問はNGです。

×「今日、学校どうだった?」→「ふつう」(かなりの確率でこの返事が……)

◎「今日学校で何が一番楽しかった?」→「体育」

「体育は何をやったの?」→「跳び箱」

というように話が広がり、深まるように促してください。その日の振り返りと整理になります。

【聞く・聴く力の伸ばし方】

最近の小学生に多いのが、直接友達の話を聞かない・聴かないことです。人の話を聞いて疑問に感じること、それを直接聞いて確かめる習慣が重要です。家庭で物事を促す時は、「わかった?」ではなく、話の最後に「質問はある?」とつけ加えるようにしてください。

集団(班)活動では話すこと、聞く・聴くことの力が大切です。通常の学習塾では絶対に教えてくれない部分です。授業中のお話し厳禁だからです。今の受験に話し合うことは問われていません。しかし、今後の入試では討論やロールプレイング試験で問われます。今のうちに家庭で話し合う習慣をつくりましょう。

【伝える力の伸ばし方】

伝える力を身につけるトレーニングその1は、「エレベーターピッチ」です。「ピッチ」とは説明するという意味で、もともとは、ビジネスマンがプレゼンテーション力をつけるためにするトレーニングです。（エレベーターに乗っている）30秒という短い時間で、自分のことや出来事などを話します。これができるようになると、将来、学校や会社での面接などでも効果を発揮します。

トレーニングその2は、「読んだ本の内容を人に伝えること」です。伝える力は、内容を知らない人に伝える時に試されます。自分が内容を理解していること（読書感想）と、うまく伝えること（発表）は別のものです。どんどん発表させてあげると伝え方を工夫するようになります。

まとめ

国語力は日常生活でコツコツと促す

宿題の音読は一挙万得！

みなさんは一ヶ月に何冊の本を「聞き」ますか？　読む数ではありません。聞く数です。私は10冊を軽く超えます。

それは、娘の宿題で出された音読につき合っているからですが、自分で本を読むのとは違った効果を感じています。

【読むと聞くは違う】

小学1年生から、大抵の学校で宿題に音読が出されます。私は仕事の都合上、本やインターネットの記事を読み漁ることも多いのですが、わかりにくい文章、論理の流れや根拠が不明慮な文章などを読んでいるとかなりストレスが溜まります。

仕事で必要なので、どんなにわかりにくくても読まなければいけないのですが、「何が言いたいんだ〜!」と叫びたくなるような気持ちになり、家族にも小言を言ってしまいます。


そんな時、小学3年生の娘の音読の宿題につき合うようになりました。

娘の音読につき合うようになって、「読むのと聞くのは違う!」と気づいたのです。

この年になって、しかも教育のプロになっても自分の娘から学びを得ました。

娘の音読は、声色を変えたり、身振り手振りで表現したりなど、臨場感たっぷりの寸劇で面白い時間です。おそらく、初めてお父さんがつき合う時は、お子さんも普通に読むでしょう。でも、回数を重ねてくると慣れてきてお子さんなりに声色やジェスチャーが入ってくるので、楽しみにしてください。


【わが子の物事の感じ方がわかるようになる】


今でも娘は音読の宿題になると教科書や本を持って、私の膝の上に乗ってきます。

もちろん、娘が本を音読している時は私は仕事などの手を止めて聞きます。

たまに、娘の了解を得て「想像してみるね」と言って、本のイラストや文字を見ないで聞くだけにする時もあります。

その理由は、どのくらい「伝えられるようになったか」を感じとるためです。文字やイラスト情報が一切ないので、伝えるためには表現力が必要になります。読み終わった時、本の内容について1つか2つ質問します。登場人物のこと、どんな気持ちで主人公やそのほかの登場人物は行動したのか、など。時には笑ってしまうような返答が帰ってくることもしばしばありますが、私にとってかけがえのない時間となっています。

何よりもわが子の心の感じ方、成長が手に取るようにわかるようになるので、ぜひ、お父さんにおすすめです。

【宿題の音読には計り知れない効果がある！】

一挙両得とは、ひとつの行動によって、2つの利益を得ることを意味しますが、家庭で行なう音読は、一挙万得とも言えるほど、いくつもの効果を得ることができます。

音読の宿題は親子コミュニケーションの最高の場

音読を楽しめば、親子で過ごす幸せな時間になります。この時間が子どもの心を安定させ、自己肯定感と他者信頼感を育てます。

また、教科書であれば、子どもにとって直接的な学習になり、絵本であれば絵本の世界に浸ることで本が好きになりますし、感性も豊かになります。

さらに、語彙も増え、想像力も育ち、読解力や表現力も育ちます。親自身も想像力や感性が刺激されるでしょう。

何よりも子どもとコミュニケーションが取れることが大きいです。特に子どもと、どう触れ合っていいかわからない、子どもについ小言を言ってしまう方にはおすすめです。

実際に、私も小言が減ったと言われました。

家庭で10分、お父さんに子どもの宿題に参加していただくだけで、これだけの効果やメリットをもたらしてくれます。

まとめ

音読の宿題はお父さんに聞いてもらうと効果絶大

漢字は漢字ではなく、○○で学ばせる

本項の最初に、「暗記」と「理解」の違いを考えてみましょう。

「暗記」は1日で75%が失われると言われていますが、これは記憶がなくなるのではなく、短期の記憶という引き出しにしまったままの状態です。

では、「理解」とはなんでしょうか。私の見解ですが、**「短期の引き出しから長期保存の引き出しに移し替える」**ことだと考えています。

これを脳の中で行なう確実な方法があります。それはテストです！

なぜならば、テストはいろいろな問題の形で問われるからです。漢字検定の問題では音読み訓読み、言葉の正確な使い方と書き順、送り仮名が問われます。

私が子どもたちに漢字を教える際には暗記はさせていません。暗記を繰り返すと、短期の引き出しから長期保存の引き出しに移し替えづらくなる傾向がみられるからです。

そこで、小テストで問題の形をいろいろ変えて問いに挑戦してもらっています。

ある時は送り仮名問題、ある時は書き順問題、ある時は読み方問題です。問題の形を変化させて同じ漢字を学んでもらいます。

この小テストを行なっていくと、「これって、この漢字だったんだ!」という声が子どもたちから聞こえてきます。その頃には、自分で辞書を引いて確かめているようになります。

暗記から理解に変わる過程で大切なのは、新しい刺激です。自分の手で辞書を引いて漢字を見つけた瞬間に、長期保存の引き出しに移し替えられることが、子どもを見ているとわかります。実際に、その後の小テストでは正答率は格段にアップして定着しているからです。

【挑戦したことが最も大事】

検定は合格すれば受検級が認定されますが、大切なのは合格ではありません。特に低学年、中学年にはこのことを納得させる必要があります。

低中学年は合格・不合格で次への挑戦意欲の高低、自己肯定感の高低に大きく影響します。合否だけで次への挑戦意欲が簡単に消えることのほうが多いのがこの年頃。**私が塾で子どもたちに大事にさせているのは合否ではなく、この「気持ち」＝「挑戦意欲」です。**

たとえ一度の検定試験の結果が思わしくなくても、「もう一度、挑戦してやる〜」となれる気持ちを育てることが小学生には最も重要です。

この意欲さえ自分のものにできれば、その後の成長でも役に立ちます。もちろん大人になって社会に出たらなおさらです。

通常の進学塾・受験塾は一発勝負の入試のための塾ですから、挑戦し続けることが目的ではないのは当然です（念のため、ほかの塾を批判しているのではありません）。

ある日、検定試験を受検した子どもたちに、感想をヒアリングしてみました。

初めて受検する子も多かったこともあり、「緊張した」という言葉が最初に出てきました。他にも、

「学校の授業時間と同じ時間なのに、すごく時間が短く感じた」

「見直していたら、わからないで飛ばしていた問題が解けた」

などなど。小学生らしい体験から出てきた感想でした。


そして、子どもたちから、「次の漢字検定はいつですか?」と聞かれたのです。

次回のスケジュールを伝えると、合否結果はまだにもかかわらず、「上の級に挑戦したーい」と子どもたちの口から出てきました。


合否はともかく、検定試験に挑戦し、「やり切った」という自信と体験を手に入れました。最初は毎日の学校の宿題もなかなか手をつけられなかったお子さんも、次第に宿題を先に片づけて漢字検定の学習をやるようになりました。

次への挑戦が自分の口から出る、やる気が本気に変わる瞬間を見るのは本当にうれしいことです。イヤイヤやる勉強は楽しくありませんが、向上心による学習は楽しさが圧倒的に勝ります。

まとめ

漢字は暗記しない、多角度から「言葉」で覚える

算数こそ日常生活に密着している

「算数が苦手」というお子さん、そしてお母さんも多いのではないでしょうか。では、そもそも算数を学ぶ理由は何でしょう。

それは、**算数は日常生活に欠かせないツール**だからです。

買い物の計算○○円、集合時間の○時○分、工作に使う材料の長さ○メートルや○センチ、料理をつくる時の調味料の量小さじ1と1／2杯、スマホの電池残量○パーセント……、あげるときりがないほど、日常には数字と単位があります。これらのほとんどが小学校で習う算数に含まれています。苦手と思っていても、接する機会が多いのが算数の知識なのです。

【算数の力のつけ方】

家庭で実際に、生活に関わる問題を子どもに出すことが何よりも算数が得意になる秘策です。その時、ただ答えさせるのではなく、お子さんに式や計算などをメモに書くように促してください。もちろん、最初は親が見本を書くのもいいでしょう。

正答も大切ですが、子どもがどう考えて答えを導き出したかというプロセスが小学生には大切です。

まとめ

算数は日常生活から問題を出題する促しで得意になる

小学生には**理科が必須**！

「理科」とは、自然や日常生活の様子や決まりを調べて、科学を学ぶことです。

・理科を学ぶ目的

理科の学習で一番大切なのは、「自分で調べる、確かめる」ことを身につけることです。もちろん推論や仮定など、考える力を身につけることも含まれます。

私の塾の塾生（小学生）に、「わからないことがあったら、どうしますか？」と質問をすると、

「先生に聞く」

「友達に聞く」

「知っている人に聞く」

「スマホで調べる」

という答えが返ってきます。

そう、わからないことがあったら、誰かに聞くというのはとてもよいことです。他にも、本や図鑑、インターネットで調べることもできます。

理科の学習で一番大切なのは、「自分で調べる」ということです。


例えば、このような会話で、子どもに科学への関心を促すことができます。

「君は自然や日常生活の様子や決まりって何だと思う?」

「自然は……、木、植物、水、土、太陽、星。日常生活は……、冷蔵庫、掃除機、エアコン、スマホ、ゲーム機……かな」

「いいぞ〜、その通り。自然も日常生活もアニメやCG、魔法ではなく現実に目の前で起こっていることだね。必ず現象と仕組み、そもそもの原因があって目の前で起こっているんだ。

それを自分で調べて、本当にそうなるのか？　自分で実験して確かめる（検証）ことを科学って言うんだよ」

俗に言う「理科離れ（理科嫌い）」とは簡単に言うと、

「私は自分で調べることが面倒くさいです」

「私は自分で確かめません」

と言ってしまっていることになります。

今はSNSやインターネット動画（YouTubeなど）で、いろいろなものを見ることができるので、わざわざ自分で「やってみよう！」と思う子どもや大人が激減しています。

【知って得することがある】

中学入試で問われるのは、暗記ができる児童ではありません。自然現象に興味関心を持ち、理解する下地を持っている児童を入れたいと考えています。ここを間違えないようにしましょう。

また、学校の理科での評価は次のような構成です。

①**知識問題**：教科書に出てくる言葉の問題
②**考察問題**：暗記しているだけの人と区別するため、知っている知識を元にどこまで考えられるかを問う問題
③**発想問題**：論理性や発想力を評価する問題。実際に調査するのが難しいような課題を、いくつかの手がかりを元に論理的に推論し、短時間で一貫性のある考えを答えられるかを問う問題

小学校のテストでは②までですが、授業や宿題で③のような課題を出す先生もいらっしゃいます。理科が好きな先生は特に③を評価にプラスする傾向があります。

【理科の力のつけ方】
「適切な問いを与え続け、その場で考える訓練をする」これが、理科が得意になる秘策です。

（例）

知識問題：「イルカは魚？　100文字で説明しなさい」

考察問題：「今と比べ、江戸時代は日本固有の魚が多かったと言われています。なぜ多かったのか、理由を説明しなさい」

発想問題：「魚が陸上で生活できる技術を有すれば、絶滅危惧種問題は解決すると思うか。根拠を示して考えを述べなさい」

これは私がつくった例題ですが、問題のイメージが伝わったと思います。

この例題の答えは、ぜひご家庭でお子さんと一緒に「調べてみてください」。加えて、発想問題に関しては、小学生目線で根拠と考え方が一貫していれば大いに褒めてあげてください。

まとめ

理科は知識・考察・発想の3つをバランスよく促す

理科の興味と感性を刺激する
ペット促し術

理科の基本は1・2年生の生活科で学んだ観察が基本になります。

家庭で昆虫やペットを飼っていれば、理科への興味関心を上げられるでしょう。飼っている昆虫やペットの世話を子どもにさせるように促してください。

昆虫であれば卵↓幼虫↓さなぎ↓成虫と、成長するにつれて体の形が変わります。「なぜ形が変化するのか？　違うのか？」を調べるように促してください。

その時にコツがあります。調べる前にお子さんに、「なぜ形が変化すると思う？　違うのはなんでかな？」と質問して、考えさせてから調べさせてください。

調べ方は、学校の図書室や近隣の図書館の図鑑や、家庭ではインターネットも使っ

身近な生き物がたくさんのことを教えてくれる

て調べられるでしょう。そして、家庭で発表会をしてください。

日常から「なぜ？」をお子さんが感じるようにするのが理科では重要になります。自分で考えたひとつの仮説を調べて実証するのが、理科の上級である科学につながっていきます。

この「なぜ？」は他の教科にも役立つ重要な力です。

家庭でペットを飼ってなくても、水族館、動物園、昆虫館、爬虫類館、植物園、近所の公園、川、海、山、町に探検に出れば生き物はたくさんいます。ぜひ、工夫してみてください。

わが家では、水の生き物の観察水槽をつくりました。直接的な理科の観察にとどまらず、「この魚は自然界では何を食べているのか」など、子ども本人がインターネットで検索して調べるようになりました。

まとめ

理科の興味関心はペットに刺激してもらい、促してもらう

社会科は「知る・調べる」アウトプットが効果抜群！

「社会科」とは、**将来にわたって役立つ見方・考え方の育成を行なう教科**です。

社会科を学ぶ目的は、「自ら考える市民を育成する」ことです。もちろん推論や仮定など、考える力を身につけることも含まれます。

具体的には、現代社会を理解し、現代社会の論争的問題（地域・国家・世界規模の問題、みんなが考えていかねばならない問題）を考察して判断していける力を育むことです。

現代社会を知るには、どうして現代は今の状態になったか？　過去の経緯を知ることも大切ですし、過去の社会〜現代社会を理解できれば、将来（未来）こうなるであろう、と推測する力も育ちます。


塾生に、「社会科って何を学ぶ教科だと思う？」と質問をしてみました。すると、

「地図記号を覚える」

「歴史の年号を覚える」

「地名を覚える」

「スマホで調べる」

という答えが返ってきました。

「そう、社会科では記号や年号、地名を覚えるね、でも覚えるだけだと忘れない？」と投げかけてみました。社会科の学習で一番大切なのは、「知る、調べる」ということだからです。

そこで、

「君は自分の住んでいる家のまわりにどんな建物や公園、神社やお寺があるか？ そ

れはいつできたのか、知ってる？」

と聞いてみました。

「うちのすぐ近くに警察署があります。あと小さい神社もあります。でも、いつできたのかは知りません」

「いいぞ〜、それを調べて、いつ、何の目的で、だれが、どうやってできたか？　今はどうなってるのか？　この先、どうなるのか？　それを調べたり、聞いたり、実際に見学したり、考えることを社会科って言うんだよ」

と伝えました。


社会科嫌いは、「暗記が嫌い」と思い込んでしまっている児童がほとんどです。

確かに最低限、覚える記号、地名や年号、歴史上の人物名、現代の人物名などがあります。しかし、最低限覚えるべき知識はどの教科も同じです。暗記しようとすればするほど忘れるものです。覚えることは面倒なことだからです。

今はインターネット動画（YouTube など）や歴史漫画などで楽しく見れる、読めるツールがあります。これで十分「暗記」ではなくなります。

社会科の力のつけ方

Step 1　インプット
- 調べる
- 知る

Step 2　振り返り
- 自分で感じる

Step 3　落とし込み
- 自分の考え、思いをまとめる
- 今後の活用

Step 4　アウトプット
- 新聞作成
- 4コマ漫画
- 自由研究

映像は集中力を1点に集め、目と耳から情報を子どもにインプットします。歴史漫画を声に出して読めば国語の音読と同じで、自分の声と文字・イラストを追う目で頭にインプットできます。

これらがどちらも嫌いなお子さんは非常に少ないと思います。

力のつけ方のステップは前ページの表の通りです。

新聞を作成したり、4コマ漫画にまとめたり、写真集にまとめたり、夏休みの自由研究にしたり、必ずアウトプットまで促してください。

休みの日には、一ヵ所でいいので実際に行ってみると、さらに効果的です。

まとめ

社会科はイメージできると理解が早い

6章

—予防編—

知らずにわが子の
やる気を削いでしまう
親が犯す5つのミス

友達がいない!?
ひとりでいられる力が必要な理由

「うちの子には友達がいない」というのは親として不安ですね。まずは冷静にお子さんを観察して、友達関係の実情を把握しましょう。友達がいない理由は、4つのタイプに分けられます。

タイプ1：友達がほしいのになかなかできない。特に避けられているわけではない

タイプ2：友達がほしいのになかなかできない。どうも避けられている模様

タイプ3：もともと友達と一緒にいるより、ひとりでいるほうが好き。でも、必要に応じて友達と遊んだりしている

タイプ4：そもそも友達をほしがらない。一緒に遊んだり、協力して活動したりする

気がない

【タイプ1の場合】

人見知りでうまく声がかけられない、入っていけないタイプ。

この場合は、担任の先生にお願いしましょう。例えばクラスでリーダーシップのある子や、相性が合いそうな子に休み時間などに誘ってもらえるように頼んでみることができます。きっかけがあれば入っていけます。

【タイプ2の場合】

友達に避けられてしまう理由を探します。例えば、言葉遣いが悪くて一緒にいても楽しくない、すぐ手が出てしまう、など。この場合も、担任の先生に相談しながら原因探しをしてください。時間はかかるかもしれませんが、原因を特定しないと改善策も立てられません。

【タイプ3の場合】

ひとりで本を読んだり、絵を描いたりするのが好きだけれども、例えば先生が「班学習をします」と言えば、ちゃんと協力できる。これは、お子さんの個性なので問題ありません。

【タイプ4の場合は】

まったく友達と関わろうとしない極端な場合は、担任の先生、スクールカウンセラー、専門医や臨床心理士の順で相談してください。

【友達がいればよいということではありません】

友達と仲よくする力と、ひとりでいても平気な力。両方共必要な力です。理由は「友達が一緒じゃないとだめ」という、友達に依存してしまっている子どもたちが近年多いからです。**ひとりでいても平気だし、友達に頼らなくても充実した時間を過ごせるお子さんは圧倒的に精神が強いのです。**

小学校高学年にもなると、クラスのある子が「クラスの○○を無視しよう」と言い出すことがあります。その時、友達に依存している子どもは、「無視しないと自分も無視されるから、私も無視しよう」と連鎖します。一方、ひとりでいられる子どもは「私はしないよ」と言えます。

自分の考えや自分の望んでいないことをはっきり言える力は、大学受験での面接や討論・ロールプレイング、論文でも評価されます。

また、今後のグローバル社会でも必要な力です。将来、社会に出て多くの外国人と仕事をする時は、「君の考え、意見を聞かせてくれ」という場面が必ず訪れます。

友達関係というと、「仲よくする」ことばかりに目がいきますが、ひとりでいられる力はそれを超える大切な力となります。

まとめ

仲よくする友達関係の中にも、ひとりでいられる力が必要

「自主性」を育む親のスタンス

夏休み前に、ひとりのお母さまBさんが相談に来られました。

「うちの子は2年生なんですが、先日、学校から『もう少し自主的に行動できるようにお家でも指導してください』と言われました。宿題は何とか毎日やるし、学校の勉強も普通だと思っていたので、正直ショックで……。何が足りないのか、わからないのですが、どうしたらいいのでしょう」

Bさんは思いもよらないことを学校の先生から言われてしまったので、少し落ち込んでいる様子でした。そこで私はBさんに次のように順を追って説明しました。

そもそも自主性とは何でしょう。

①小学校が児童に求める自主性

・学校の授業科目ごとに興味関心を自分で広げる
・自分の意見を言える
・他の児童への関わりを自ら持つ

②親の自主性のイメージ

・親に言われなくても宿題をする
・自分から進んで予習・復習をする
・自分で翌日の学校の準備をする

③一般の塾で求めている自主性

・塾の宿題をする
・塾の予習・復習をする

④私の塾で育てている自主性

・お子さんには、やりたいと思ったことを自分の口でお家の人に報告してもらう。塾ではその都度、話を聞く・聴く。

・お家の人には、塾でやりたいと発言があった興味関心ごとをお伝えした上で、やらせてあげる機会をつくってもらう。そしてお家の人も一緒に体験してもらう。

このことをBさんに説明すると、どうやら思い当たる節があったようなので、学校でのお子さんの様子をお聞きしました。

Bさんのお子さんは、家でも自分の意志を伝えるのが苦手ということでした。

そこで、幼児期までさかのぼってお話を聞いたところ、原因がわかりました。それは「過干渉」でした。

わかりやすく言うと、「汚いから触っちゃダメ！」「危ないからダメ！」「お母さんの言うことを聞いて！」と、興味関心の芽を抑え込んでしまっていたようなのです。

子どもの自主性とは、子どもが興味関心を示して「やってみたい！」という気持ちで行動することです。ところが、親の抑制が積み重なると、次第に子どもは、「怒られるからしない」と認識しはじめます。

そこで、私はBさんへアドバイスしました。

「できる限りお子さんと一緒に、お子さんの『やってみたいこと』をやってみてください。一緒にやることで『やってもいいよ』と、お子さんに伝えてあげてください」

その後、夏休みが終わり、Bさんに様子を伺ったところ、

「先生！　あの子がやってみたいこと、実はたくさんあったんです！　おかげで夏休みの自由研究はどれを学校に持って行こうか親子で悩んでしまいました」

と、本当にうれしそうにお話をされていました。

まとめ

子どもの自主性を育むには「やってもいいよ」を伝える

片づけ上手は将来大物になる

「うちの子は片づけが苦手。何度言ってもできるようにならない」

「整理整頓ができないから、家が物で溢れている」

「出せば出しっぱなし、使えば使いっぱなし」

「でも、親の自分も片づけが苦手」

こういう悩みをよく聞きます。でも、ご安心ください。

この問題を解決できる促し方があります。ズバリ単純、「片づけの時間」をつくることです。


やり方は、「毎日〇時〇分から〇分間片づけの時間」とか「夕食後5分間、片づけの時間」のように決めます。

学校の掃除の時間同様、その時刻になったら決まった音楽が流れるように、タイマーでセットしておくのも効果的な促し方です。

その時間は家の人みんながいっせいに片づけをします。全員が無理なら、子どもだけの片づけタイムでもOKです。

片づけが苦手な子どもの場合は、親子で一緒に片づけをすると効果が上がります。要は、お子さんの性格やご家庭の状況に合わせて無理なく実践することです。


この方法なら、どんなに片づけが苦手な子でも、必ず1日に1回は片づけをすることになります。これを毎日確実に続ければ、少なくとも現状維持ができるので、もう「片づけができない」と悩む必要はありません。

大事なのは、毎日確実に続けるということです。

そして、片づけたら必ず褒めることも実行してください。

片づけは家族全員が参加することで、促しの効果アップ

毎日やっていると、きれいな状態が維持できるので、片づけで叱る必要はなくなります。お子さんの片づけのことで悩まれている方はぜひ、試してみてください。

そして、年末や春休みに大掃除をすれば学年ごとに使うもの、使い終わったものの整理がしやすくなります。

特に春休みは新学年の教科書やドリル、ノート、教材のスペースを確保するようにしておくとスムーズに新学期が迎えられます。

まとめ

片づけが苦手な場合は、片づけの時間をつくる

子どものケアレスミスを減らす、分析と意識づけ

日頃の勉強やテストで、子どもはよくケアレスミスをします。

では、どうしたらケアレスミスを減らせるでしょうか。

大切なのは、自分がどんなミスをするか、本人が自覚することです。

そのために効果的なのが、どんなミスが多いかを分析することです。責めたり、注意したりするのではなく、探偵ごっこのノリで一緒に楽しくやってみましょう。

①問題の読み違い　②単純な計算ミス　③書き写しミス　④単位の桁間違い　⑤解答欄の書き間違い

ミスの傾向がわかると、本人もテスト中、「これ、よく間違えるから気をつけよう」と意識するようになります。

テストの時は、名前を丁寧に書くように促してください。そうすることで解答の文字自体をきれいに書くようになるので、見直す時が楽になります。

また、数字の写し間違いもよくあるミスです。間違いやすい数字「1と7」「2と3」「0と6」「5と6」「7と9」などを意識させましょう。

本人の書き癖で、先生やお家の人が見分けにくい数字もあるので、お子さんのノートや問題集を見て分析してください。

どの教科でも使えるのが、問題文の主語と動詞に線を引いたり、単位や「何を」などキーワードを○で囲む方法です。

これを教えて、「見直しで100点！」などのキャッチコピーを掲げて、見直しを促すと効果的です。

まとめ

ケアレスミスを減らすには、本人の意識と丁寧な字

話の聞き方9つのテクニック
「聞き上手」が子どもを変える

反抗期を迎えた時、親が戸惑うことのひとつとして、「子どもが話をしてくれなくなる」ことがあります。

それまでは、聞いてもいないのに自分から学校のことや友達のことをペラペラ話していた子どもが、急に話さなくなるので、その変化に戸惑った親は、子どもに根掘り葉掘り聞き出そうとし、子どもは尋問のように感じて嫌がります。

まずは親として、「こういう年頃だ」と冷静に頭に置いておいてください。

そして、子どもから気が向いていろいろ話してくれた時こそ、上手な聞き方をすることがとても大事です。そこで、上手な「話の聞き方9つのテクニック」をご紹介します。

①「ながら聞き」はやめる

子どもが何かを話しはじめたら、作業の手を止めて聞いてあげてください。何かをしながらの「ながら聞き」はＮＧです。特にスマホは厳禁。

子どもは、親の状況を考えずに話しかけてきます。親としては、「忙しい時に限って話しかけてくる」と感じますが、そもそも子どもとはそういうものです。

この時に、親が何かをしながら上の空で聞いていると、子どもは「私の話は聞いてくれないんだ」と受け止めます。

②話の腰を折らない

例えば、子どもが「大縄跳びの練習で、声が出ていないと叱られて嫌だった」という話をしたとします。ところが、その話を聞いている途中で「ママも小学生の時にやったわ」などと話し出して、そのまま自分の思い出話をしないように気をつけてください。

③否定しない

子どもが「先生に○○って言われたけど、それは無理って思ったから無視した」と言った時、すぐに次のようなことを言わないでください。

「やる前から無理って言っちゃダメでしょ」

「先生には先生の考えがあるのよ」

「無視はよくないよ」

このような否定ではなく、話を聞いて共感してから、判断して注意してください。

④うなずきながら聞く

共感していることを子どもに伝えるカウンセリングの基本になります。「うなずき」は、話している側にとって「聞いてくれている」と感じられて、うれしくなり、もっと話したくなる合図なのです。

⑤相づちを打つ

うなずきと同じく、「うん、うん」「へえ〜」「ほんと?」「そうかあ」「そうなんだ」

などの相づちもとても効果的です。こういう相づちを聞くと、子どもはとても話しやすくなります。

⑥オウム返しをする

話し手の言葉をオウムのように繰り返す聞き方を、「オウム返し」といいます。

お子さんが「水泳の授業ってほんと疲れる」と言ったら、「疲れるよね」と返します。「○○ちゃんが表彰されて、すごかったんだよ」と言ったら、「すごいね」と返します。オウム返しをすると、「聞いてくれている」と感じて、話が広がりやすくなります。

⑦短い言い換えをする

いつも「オウム返し」ばかりだと子どもは慣れてしまい、そのうち気づいて、「ママ、いつも私と同じことばかり言う」と言い出します。

そこで、変化球を織り交ぜると効果的です。子どもが言いたかったことを短くして言い換えて返す方法です。

「○○ちゃんがズルをしてたから、私と△△さんが注意したら『関係ないでしょ』って言われて、頭にきてふたりでブツブツ言ってたら、先生に怒られちゃって、さんざんだった」と言ったら、「注意して怒られるなんてさんざんね」と言い換えます。

このように、言いたいことの意を汲んだ「言い換え」をすると、話し手は「わかってくれた」と感じてスッキリします。

ここまでに紹介した「うなずき」「相づち」「オウム返し」「言い換え」は、カウンセリングで使われる基本テクニックなので、簡単でも効果があることはわかると思います。

⑧褒められる部分を見つけて褒める

「頑張ったね」「よく気がついたね」などのほめ言葉や、「ありがとう」「助かるよ」などの感謝の言葉は、反抗期の子どもには特にうれしいものです。

⑨質問をして話をふくらませる

子どもの話を聞きながら、上手に質問してあげると話がふくらみます。

例えば、「○○君は何でそんなこと言ったんだろうね?」「それで○○さんはどうしたの?」です。コツは、親が聞きたいことではなく、子どもが話したくなることを質問することです。

この9つのテクニックは、反抗期の子どもだけでなく、夫婦、家族、職場、ママ友など、日常生活でよい人間関係を築く上でも活用してみてください。

まとめ

9つの聞き方を活用して、子どもの話をもっと聞こう

7 章

―実践編―

わが子への「促し」を成功させる7つの環境づくり

勉強が好きな子は
宿題の意味を知っている

ある日、小学3年生の女子児童に、こんな質問をされました。

「どうして宿題をしなければいけないのですか？」

みなさんだったらこの質問に、どう答えますか？

私は、「○○ちゃんはどうして宿題をしなければいけないと思う？」と聞き返してみました。すると、「先生に怒られるから」と答えてくれました。

視点を変えて、子どもが宿題をやらない・やりたくない理由を考えてみましょう。

【目的や理由への反抗心】

「将来、何の役にも立たないと思うから」「やりたくないから」「先生の出す宿題がつまらないから！」

学校や塾での授業中、集中して考えられない子どもが、ましてや家で真剣に宿題に向かうのは無理があります。

【先生への反抗心】

同じ「やりたくないから」でも、先生が嫌いで反抗して宿題をしない場合は、少しその気持ちをもみほぐす必要があります。

嫌いな先生のもとで学んでいたとしても、その中からどのように学ぶかを考えさせてください。

自分が学ぶということと、先生が嫌いであることとは、別の話だということを伝えましょう。宿題をしないのは、結局、自分自身の学校生活や将来を傷つけていることになると、気づかせてあげる必要があります。

ここまでを踏まえた上で、改めて「宿題をやる理由」を考えましょう。

「先生や親に怒られるから」
「成績が悪くなるから」
「これからの自分の役に立つから」

みなさんは、お子さんの口から以上3つの、どの言葉を聞けたらうれしいですか？

宿題は、元々、授業の学習を補充するものでした。先生の授業目標を達成するために、学習の不十分なところを家庭で補充させようとして、宿題を出すことになったのがはじまりです。

ところが、宿題が知識や技能の定着と、自主的に学ぶ態度を育てる機会となることをあとで意味づけされたのです。

具体的には、
①新たに理解した知識を反復練習して定着する
②学習上のつまずきを補強する

③次の授業の予習をする

これが目的だと、

「宿題は作業になり、頭で考える機会が減る」「宿題は苦行、イヤイヤやる」と、本来の目的（授業目標の達成）とは違います。

宿題は、学校の先生と子ども（児童）の間の約束です。

ですから本来は、先生と子どもとの対話で、宿題の必要性や目的に納得できたら、子どもが主体的に学習に取り組む有効なきっかけになり得ます。

しかし、先生が納得いく説明をできない場合、子どもが納得できるように話すのは親の大切な役割であり、親にしかできない大切なことになります。

子どもの理解度に合わせて宿題の意味を教えましょう。

まとめ

子どもが宿題をやるための納得いく理由を見つける

子どもの学力を伸ばす
夏休みの過ごし方

時間がある夏休みにおすすめの過ごし方2つを提案します。

【大人の新聞を読ませましょう】

小学生向けの新聞をとっている家庭も多いと思いますが、できれば、大人の新聞も読ませてあげてください。もちろん、振り仮名も振られていませんし、文章も難しく、字は小さくて読みにくいです。

そこで、大人の新聞を読む時に、子どもに促したい作業を紹介します。

①読めない漢字は調べさせる
②文章を短い言葉に分けて、何が書かれているかを整理しながら理解する

③小さい字に慣れる

④興味のある記事は、その写真をインターネットや本（図鑑など）で調べる

子ども用の新聞は字も大きく読みやすく、イラストや写真も載っています。辞書も使う必要がありません。子ども用新聞を非難・中傷しているわけではありませんが、「自分で調べる」という作業を多く発生させるのは、大人の新聞です。

毎日ひとつの記事を読むだけでも、1年365日続ければ膨大な情報量になります。最初は調べるのも大変な作業ですが、3ヶ月経過する頃から中学生レベルの漢字も読めるようになってきます。そのまま社会で十分に使える情報です。

私の塾生に、好きな分野の記事をスクラップして本にしている子もいます。虫、星、算数オリンピック問題、クロスワードパズル、世界の出来事シリーズなど。

わざわざ子ども用新聞をとらなくても、大人の新聞は小学生でも、そのまま社会で使える教材になるのです。

【準備されていない体験が効果絶大！】

夏休みには、自治体や企業でたくさんの体験型イベントが催されます。これらのイベントは企画性が強く、プログラムが必ず準備されています。つまり、至れり尽くせりです。これに慣れてしまうと、「自分で考える、工夫する、思いつく、決める」という機会が少なくなってしまいます。現代はモノが溢れた時代です。「あって当たり前」の固定概念が出来上がってしまうと、想像力や発想力を育てるのはかなり難しくなってきます。

そこで、夏休みの期間中、家庭で子どもの想像力や発想力を刺激する方法をご紹介します。

家族でキャンプやバーベキューに出かける時は、必ずマッチで火をつける体験をさせてあげてください。最近は直火を見たことがない小学生が増えてきました。「火ってなんだろう?」という子どもたちが多く、「熱い」「黄色い、赤い」「マッチってこうやって使うんだ」ということを知る機会を与えるだけで大きな違いが出てきます。

火をつける時は、まずは親がお手本を見せながら、「昔の家ではマッチで火をつけていたんだよ」と教えてあげてください。

ラジオを聞かせるのもいい方法です。今の子どもたちは、ラジオの存在すら知らないことも珍しくありません。ラジオは音声のみなので、きちんと聞いていないと話の内容がわかりません。限られた情報から、情報を整理する力や理解力を刺激するには抜群のツールです。ここでも親が「昔はラジオしかなかった時代があったんだよ」と言いながら教えてあげてください。

スマホやパソコンでもラジオは聞けますし、ニュースや音楽などのキッズ番組もあるので探してみてください。

オリジナルの本物体験をたくさんしていると、子ども自身の感性と発想で考えられるようになります。自然の中や非日常で過ごす時、多くの刺激が子どもの五感を働かせます。

その瞬間、「これは何だろう？ どうしてこうなっているんだろう？ こうしたらどうなるだろう?」と考えはじめます。知りたいことや調べたいことが出てくれば、知識欲や探究心も育ち、興味関心が育ちはじめます。

まとめ

夏休みは「きっかけ→経験」の順で促す

目標は身近に、結果はわかりやすく！

初めて漢字検定を受検する小学3年生のCちゃん。Cちゃんはもともと漢字が得意で好きというタイプ。本も絵本も大好きです。

これには理由がありました。お母さまが赤ちゃんの頃からご家庭で読み聞かせをしていたからです。お家にはおもちゃよりも本のほうが多いとのこと。

そんなCちゃんが、なぜ漢字検定を受検してみようという気になったのかというと、

「クラスのみんなから『漢字マスター』と言われたいから！」

でした。

Cちゃんが今回挑戦するのは自分と同じ学年の8級です。

3年生で習う200字と合わせて、1・2年生の漢字を含む440字をマスターするべくコツコツと学習しました。

1・2年生で習った漢字の復習にもちょうどいいだけでなく、熟語、短文も出てくるので、Cちゃんにとっては本を読む感覚です。

その様子をそばで見ていると、吸収する力が高く、「楽しく学んでいる」姿が見てとれます。正直、大人にとって、うらやましいほどの吸収力です。

子どもが具体的な目標や夢を持つこと、その目標や夢を実現するために何を、どのようにするのかを考え実行することは、とても大事なことです。

小学生では、手が届きそうな目標から積み重ねていく経験が、何よりもこれからの成長過程で役立ちます。

今回のCちゃんの動機はきっと大人になるまで役立つことでしょう。

合格しても、しなくても「挑戦する意欲」、これが必ず役に立ちます。

目標は、漢字や算数などの学習検定でなくても効果的です。学校の水泳検定、縄跳び検定、習い事をしているならば、そろばんや習字の級なども身近な目標になります。子どもに合った目標で、手が届きそうなところから応援してあげてください。

さらに、お父さんもお母さんも身近な目標をつくって、そこに向かって頑張っている姿を見せれば、相乗効果で子どものやる気も上がっていくことでしょう。

まとめ

十分手が届きそうな目標を設定してやり切る

「厳しい人」が子どもを正しい大人へ促す理由

お子さんの成長段階では、まわりに誰か、厳しい人がいることが重要です。厳しい人がいると「悪いこと」ができなくなるからです。どんなにいい子でも、まったく厳しい人がいないと、必ず「悪いこと」をしたくなります。

なぜなら、「悪いこと」は子どもにとって魅力的だからです。子どもが悪いことをしたくなる理由は２つあります。

①人は、「楽をしようとする」思考回路を持っている

この思考回路によって人間は、偉大な発明をたくさんしてきたので、悪いことではありませんが、楽になりすぎると悪い習慣につながっていきます。

②悪い大人がいること

子どもは大人を見て成長するので、悪いことをする大人がいなくならない限り、真似して悪いことをしようとします。

つまり、悪いことをしようとするのは、子どもにとってごく当然のことで、それをさせないために、厳しい人が必要になります。

親が心底、怖くて正しい人なら、子どもは悪いことができません。お父さん、お母さんのどちらでもよいので、厳しい人になってください。

ただ、親はずっと厳しい人でいなければいけないというわけではありません。厳しい存在でいなければいけないのは、子どもが12歳（5・6年生）ぐらいまでです。12歳までは、厳しい親を演じて、善悪をきちんと学ばせてください。中学生になると、子どもは親に「迷惑をかけたくない」と思うようになります。

【どうしても厳しい人になれない時の2つの方法】
方法1：親が「尊敬される人」になる
方法2：第三者（学校の先生や塾の先生など）にお願いする

「厳しい人」になるか、「尊敬される人」になるかは、ご家庭でよく話し合って決めてください。厳しい人を演じる場合は必ず、お父さん、お母さんのどちらかひとりでお願いします。ふたりで怖いと影響が強すぎて逆効果です。

重要な注意点があります。**悪いことをした時だけ、真剣に叱ってください。**毎日のように叱るのはＮＧ、逆効果です。「叱られ慣れ」してしまうので、真剣さが伝わりにくくなっていきます。

まとめ

子どもを正しい方向に向けるには、必ずひとり厳しい人を設定する

なかなか行動しない子どもを音楽で促す方法

音楽の条件反射を活用して、子どもの行動を促す方法をご紹介します。

わが家では夜早く寝かせるために、寝る前の準備をする時に音楽を使用しています。妻と娘でYouTubeに上がっている短い曲を選んで流し、曲が終わるまでに歯磨き、トイレ、寝室に持っていくものを準備するというものです。「はじめるよ」のひと言で娘も妻も歌いながら準備をはじめ、曲が終わるまでに済ませます。

これが抜群の効果で、楽しそうに急いで準備をしています。音楽を活用するまでは、ダラダラ30分以上もかかっていたのに、ものの5分程度でできるようになりました。

小学生は音楽による条件反射に慣れています。なぜなら、学校でも昔から活用されれていて、昼休みにはクラシック音楽の「剣の舞」などがかかります。なぜ、多くの学校が「剣の舞」なのかは不明ですが、にぎやかな曲がかかると、子どもたちは外に遊びに行きたくなるからでしょうか。一方、下校時刻になると、寂しげな曲がかかり、「帰りなさい」と音楽で促しています。

このように、**曲のリズムや曲調で子どもの脳に音楽で行動を促している**のは明白ですが、もうひとつ、**毎日同じ時刻に同じ曲を聞いて同じ行動をするという条件反射を利用**しています。

選曲は家族で話し合いながら、子どもに選ばせるとベストです。就寝の準備以外にも、宿題を開始する時間に流れるようにセットし、曲が終わるまでに宿題をはじめるといった活用もできます。

まとめ

子どもを動かすには音楽の条件反射を利用する

ランドセルを使って宿題を忘れないように促す方法

学校や学童、遊びから帰ってきても、なかなか宿題をはじめないお子さんへ、ランドセルを使って促す方法について紹介します。

それは、**ランドセルを開けっ放しにさせて、中身を「丸見え化」する方法です。**

わが家の娘にしたことですが、小学1年生からはじめて、現在4年生でも続けている習慣です。

「どうやったら、娘が自分で宿題を忘れずにするようになるか」

小学生になってからそう悩んだ私と妻は、何かいいアイデアがないかと考えました。考えた結果、それは簡単なことでした。**帰ってきたらランドセルを開けて、手紙**

を全部出させて、ランドセルはそのまま開けっ放しにさせるのです。

子どもはランドセルを開けっ放しにして遊びに行きます。

一見、ランドセルが開けっ放しだと、だらしないように見えますが、遊びから帰ってきた時に宿題をする促しになります。

家に帰ってくると、宿題は何もしていないことが一目瞭然。お母さんが「宿題やりなさい」と言う代わり、ランドセルが宿題モードを促すしくみです。最初に全部出してしまうと、手紙と宿題が混ざったり、宿題プリントがどこかへ行ったりする危険があります。そこで、ランドセルにはやるべき宿題しか入っていない状態にするのです。遊びから家に帰ってきた時、何の宿題があるのか、確認しながら出させます。

これをはじめてから、わが家では手紙の出し忘れはゼロになりました。やらなければいけない宿題をしなかったこともゼロで過ごしてきました。

ランドセルが閉じている時は、宿題も終わり、教科書、ノート、筆記用具など明日の持ち物が全部入って準備が終わった状態です。そうすると、夜遅く帰ってきて日中のことを知らない父親の私でも、一目で準備ができていることがわかります。

なぜ、最初に宿題を出さないのかというと、遊びに行きたくてしょうがない小学生は、そわそわして、宿題の出し忘れがあるからです。親は先に手紙だけは目を通しておきたいものですが、どうせ宿題は遊びから帰ってからしなければなりません。その時に落ち着いて全部出せばいいのです。

もちろん、この習慣が身につくまで親はサポートし、進捗を確かめなくてはいけませんが、くせがついてしまえば、いちいち小言を言わなくても済むようになります。

遊びから帰ってきて、なかなか宿題や勉強をはじめないという悩みがある場合、こういったステップに区切って、一度に進める量を少なくする工夫をすると、子どもは行動に移しやすくなります。

まとめ

ランドセルを上手に使うと準備の状態が一目瞭然

子どもに何度も「勉強しなさい！」と言わないタイムキーパー促し術

日に何度も、「勉強しなさい！」と言わずに済んだらどんなにいいことでしょう。何も言わなくても、自分からどんどん勉強をする子としない子との違いはいったい何なのでしょうか。

それは親のちょっとした「促しづくり」にあります。

気がつけばテレビを見てダラダラ、おやつを食べながらグズグズ……。そんな子どもの姿を見れば、「勉強しなさい」「宿題は終わったの？」と言いたくなるのは親なら当然のことです。

自分から取り組める子とそうでない子の違いは、勉強に対するハードルの高さにあります。**何も言わなくても自分からやりはじめられる子どもは、勉強のハードルが低いから**です。このハードルの高さをいかに低くするかが要となります。

そのために、親が勉強に取りかかりやすい状況をつくる必要があります。ここに気づくことが大切です。

では、勉強へのハードルを下げるための親ができる促しとは何なのでしょうか。

自発的に勉強に取り組める状況は2つあります。

①「サッカー選手になりたい」といった遠い将来の夢や、「算数の通知表の『よくできる』を3つに増やす」といった近い将来の目標がある時

②勉強面の小さな成功を積み重ねて勉強は楽しいと思える状態の時

例えば、「できた!」と感じられる簡単な計算クイズや漢字バラバラクイズの問題を解いて、小さな達成感を増やすことができる。

この2つで条件のハードルを下げて、自分から取り組むための学習環境としておすすめなのが、**「その日のやることリストを書く」「タイマーを使って時間を『見える化』**

する」ことです。

「タイマー」は100円ショップでも売っていますし、スマホのアプリでも構いません。「宿題を終わる時間」「テレビを消す時間」「寝る時間」などを、アラームセットやタイマーセットします。低学年ならアナログの時計を使うこともおすすめです。終了時間の所にシールを貼ります。学校で学ぶ、時計と時間の学習にタイミングがぴったりです。

大切なのは、子どもの様子を観察して、集中しやすい状況かどうかを子どもの言動から推察して一緒に考えたり、工夫していくことです。この姿勢は、学校で求められている評価、子どもの学習に対する前向きな姿勢や態度となって現われます。

まとめ

「あと何分」「あと何秒」が子どもの競争心を促す

8章

—明るい将来編—

わが子が自分の力で将来を築いていける「促し術」

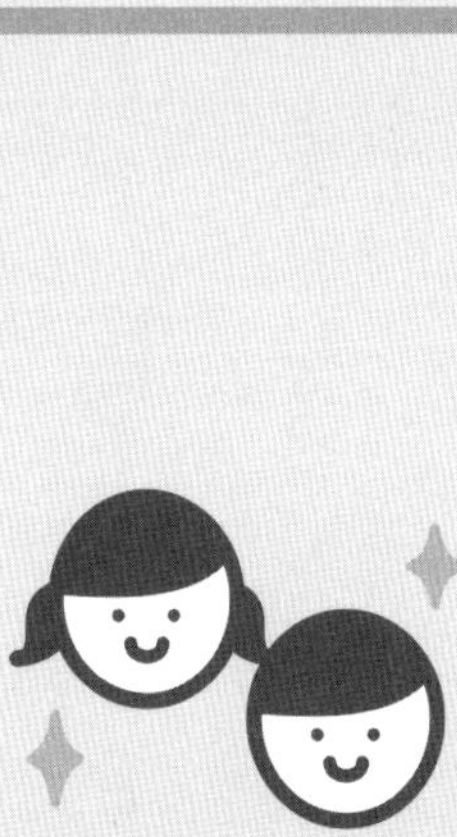

掃除ができる子どもは大成する！

みなさんは、お子さんに家の掃除を手伝わせていますか？　掃除こそ早期教育が有効です！

では、小学校で先生はどのように「掃除の大切さ」を教えているのでしょうか。子どもたちには、掃除の意義として次の２つを伝えています。

①快適さ、気持ちよく過ごすため（生活）

「学校や教室がきれいだと、みんな気持ちいいよね」

②健康で元気に過ごすため（保健）

「ほこりだらけで、バイ菌もいっぱいだと、みんなの体に悪いよね。だからお掃除は大切なんだよ」

一方で、教育という観点からの学校掃除の意義は次の通りです。

①協調性：掃除はみんなで協力してするもの

広い教室、ひとりで掃除するとなると、なかなか終わりません。役割分担をして、協力・協働することで、協調性が磨かれます。

②段取り：効率を考え、手順を学ぶ

教室の掃除の場合、まず最初に机を全部後ろに下げて、ほうきで掃き掃除をし、机がないスペースの床をぞうきんで拭き掃除をします。次に、机を全部前方に寄せて、掃き掃除、拭き掃除をする、という順番が一般的です。

どうすれば効率的（早く、きれい）に掃除ができるか、という手順を考え、工夫することで段取りする力が身についていくのです。

③気づき：新しい発見とアイデアが出てくる

掃除をすることで、「こんな所も汚れてた！」と、普段は見えていなかった汚れに気がついたり、「掃除は大変。汚れないようにするにはどうすればいいんだろう？」と考えるようになり、この考えるプロセスが、学習や生活に役立ちます。

そう、掃除の時間はこんなにもいろいろなことを学べる時間なのです。

学校の掃除は、「その場をきれいにする」時間ではなく、まさに「人間力を高める」時間と言えます。人間力は社会に出て仕事をしていく上で、とても大切です。

国語や算数などの点数がよかったとしても、「協調性」「段取り」「気づき」がない人と一緒に仕事をしたいとは誰も思いません。

「協調性」「段取り」「気づき」を持っている、ということは人間的な魅力が高い人と言えます。

相手の思いや考えていることに気がつける、気づくから気配りができる。たくさんの人と協力しながら物事を成し遂げていく。段取りよく、無駄なく物事を進めていける人です。

こういった力を育てるための手法のひとつが「掃除」ということだとわかると、ご家庭や学校掃除の重要さがイメージしやすいと思います。教科ではない活動ですが、掃除も大事な学校授業なのです。学校掃除は、ただ「その場をきれいにする」時間ではなく、「人間力を高める」時間なのです。

【掃除ができない子が増えている！】

しかし、現実には、「今の児童は掃除ができない子、掃除の仕方を知らない子が増えています」と学校の先生方から直接お聞きします。

そこで、現代の家庭での掃除の環境を考えてみましょう。

お家の人が掃除をする場合、「掃除機」を使います。先端ノズルも変えられて、1台でいろいろなところの掃除が済みます。

さらには、お掃除ロボットの登場で、スイッチを入れれば勝手にフローリングをきれいにしてくれます。また、とりあえず消臭剤でシュッ、シュッとにおいを消したり、忙しいご家庭なら、お掃除屋さんが掃除に来てくれることもあるでしょう。

学校の掃除の時間に渡される掃除道具は、ほうき、ちりとり、モップ、ぞうきんです。お家の人が、これらの道具を使って掃除する場面を見ていない子どもたちは、その使い方がわからず、当然、ぞうきんを絞れない子が激増します。

【掃除は会社経営をも左右する】

「経営の神様」と呼ばれる、松下幸之助氏が掃除の大切さを説いていることは有名ですが、このような話があります。

大正12年の年末大掃除の際、職場で大変なことが起こりました。従業員の誰ひとり、トイレ掃除をしていなかったのです。

それを発見した松下幸之助氏は何も言わず自ら、ほうきを手に取り素手でトイレ掃除をはじめます。そして、こう決意します。

「これではいかん。たとえ仕事ができても、常識的なことや礼儀作法がわからないままでは、社員にとって松下で働く意義は薄い。人間としての精神の持ち方を教えるのも工場主たる私の責任だ」（引用：『松下幸之助物語』Panasonic ホームページ）

後の講演でも、「掃除による辛抱が人を成長させ、辛抱の果てに身についた技術が仕事の質の向上につながり、何事によらずコツをつかむヒントになっていく。掃除と仕事は同質のもの」と話しています。

この考え方が後の松下政経塾に活かされるのですが、最近では、トイレ掃除を社員が順番で行なう会社や、経営者も従業員も一緒になって社内外の掃除をするという会社が増えています。多くの経営者が、「掃除により売上アップや効率化によい効果が出た」と改めて実感しているのです。

【「おもてなし」は日本人の強み】

昔から、「掃除をする」文化が根づいていた日本。近年外国から訪れた人々は、その状況を見て驚き、称賛しています。

昔から、家庭でのしつけや学校教育の中で、掃除をすること、また掃除の大切さ、掃除から人生に必要な力を学び、身につけてきた日本人。日本に訪れる外国人からも称賛されています。この**「掃除文化」に、日本人の心「おもてなし」が現われている**と感じることに異論はないでしょう。

しかし、子どもにとって掃除は、「嫌なこと」「面倒なこと」という位置づけになっている場合が多いでしょう。「楽をしたい」「やりたくない」というのが本音です。しかし、お子さんの「協調性」「段取り」「気づき」の力を育て、伸ばしてあげたいと思ったら、世界が見習いたいと思っている日本の「掃除文化」と「受け継がれてきた日本人の心『おもてなし』」の重要性に気づかせてあげてください。お子さんの才能がグンと伸びること間違いなしです。

将来、世界で活躍する時に、外国人に「掃除を教えてくれ！」と言われる時代が来るかもしれません。

私の塾でも、掃除と片付けを指導しています。お子さんが成長するには、面倒くささやつらさを経験させたほうが効果的なのです。

まずは親がやって見せる、そして子どもに真似させてひとりでやらせる、そのあとに親子で一緒にやる、この順番が効果的です。

まとめ

掃除は、子どもの「協調性」「段取り」「気づき」の力を育てる

洗濯物をたためる子どもは正確な行動が早くなる！

現代の子どもを取り巻く環境を少し考えてみましょう。

少子化や核家族化、地域社会の崩壊によって、子どもたちは人との関わりが激減しています。

実際に、みなさんとお子さんは、積極的に近所の人とあいさつしていますか？　地域の行事には参加していますか？　お子さんの顔を覚えてくれている近所づき合いはありますか？

次に、保育園・幼稚園と小学校で、お互いの教育内容が十分に共有されていない点があります。

例えば、保育園・幼稚園ではチャイムはありませんが、小学校では時間割によって児童が自分で行動します。イスに座っている時間も長くなり、先生も一人ひとりに丁寧に構うことはできません。そうした違いに戸惑い、適応できない子どもたちが激増しているのです。よって、次のような問題を抱えている子どもがいます。

・準備してもらえないとできない
・質問があっても言えない
・マニュアル（情報）がないと行動できない

そこで、家庭でできる、お子さんを正確に早く行動できるように促す方法があります。それは、洗濯物をたたむことです。

家庭での洗濯物のたたみ方指導の方法は、親がやって見せる、子どもに真似させてひとりでやらせる、そして親子で一緒にやるという手順でやってみてください。

上手にたためるようになったら、洗濯物のたたみ競争をしてください。

親の見本を見て、子どもはどんどん上達する

洗濯物にはタオル、くつした、シャツ、パンツ、ズボン、スカートなど、様々なアイテムがあります。慣れてくるときれいにたためるようになるのは当然ですが、早くたためるようになります。

洗濯物をたためる子どもは、行動に早さと正確さが生まれます。

子どもには必ず、自分のやり方が存在します。子どもは見よう見まねでやりながら、自分で工夫したり考えながらうまくなっていきます。

注意点として、最初から手取り足取り教えてしまうと、工夫したり考える機会を減らしてしまうことになりますので、子どもにはできるだけ真似させる機会を増やすと、他の隠れた伸びしろの芽が出てきます。

私の塾では何をやるにも、「1回しかお手本ができないからよく見て」と言います。

すると、子どもたちは真剣にその1回を見ます。

意識せずとも、集中力を育てることができています。

まとめ

子どもの集中力を育て、正確な行動に促す洗濯物たたみ

子どもに教えてもらってください。
「**教えて伸びる**」学習能力

私の塾では、漢字検定の学習時間は、得意な子と苦手な子とシャッフルしてグループを組んで、読み問題や言葉しりとりなどをして練習をする時があります。

得意な子は教え方がとても上手で、苦手だった子も、どんどん漢字がわかるようになっていきます。教えている子たちのノートを見ると、「○○ちゃんへの教え方」が書かれていて、真剣に取り組んでいる様子がわかります。

本当は自分もたくさん漢字の学習をしたいはずですが、授業時間のほとんどを教える時間に充てることもあります。普通の進学塾だったら大クレームですね（教える子は自主的に自宅で漢字の学習を進める場合がほとんどです）。

しかし、「教える」という行為はとても効果的なもので、教わっている子の上達はもちろんですが、教えている子の教え方の上達が特に目立ちます。

教わっている時よりも、教えた時の方が自分のものになっているからです。熱心に教えている子は、いろいろな説明の仕方を工夫しようと考えます。

頭で何パターンも考えているこの瞬間こそ、本人の才能を最高に活かした学習をしている時なのです。

先日、あるお母さまと立ち話をしました。

「低学年の頃は、勉強も教えてやれたけど、高学年にもなると難しくて、私自身が教えられなくなりました。やっぱり、学習塾に通わせたほうがいいですか？」

こう聞かれたので、私は答えました。

「では、お子さんに教えてもらってください」

大人に教わった子どもよりも、大人に教えた子どものほうが、会話力、伝達力、話の構成力、教えていること自体の理解が想像を超えて伸びます。

私も娘が小学校に入ってから、学校のこと、国語のこと、算数のこと、アニメのストーリーやキャストのことについて教わりました。最初は支離滅裂な教え方でしたが、続けていくうちに、社会人のプレゼンのようにわかりやすくなりました。

家庭で、「宿題はやったの?」と言う代わりに、こう促してみてください。

「今日の宿題は何があるのか教えて」
「この問題、ママが習った時と違うみたいだから、学校でどう習ったのか教えて」

最初はお子さんは驚いた顔をするかもしれませんが、お子さんとの距離は確実に縮まるはずです。回数が重なってくると、子どものほうから自慢げに「ママ、この問題解ける?」なんて聞いてきますので、ぜひ試してください。

まとめ

教わっただけではもったいない。「教える」アウトプットが効果的

正しい金銭感覚が自然に身につく6つの促し方

大人でもお金にルーズな人はけっこういますね。こういう人はまわりから信用されなくなりますし、お金で大失敗する人もいます。

お金に対する感覚（金銭感覚）は、育った環境や親の与える影響が非常に大きいです。私は、ファイナンシャル・プランニング技能士として小学校でお金の出張教室もしていますが、お買い物すごろくゲームを児童たちにしてもらうと、児童たちのお金の感覚がすぐにわかります。

では、子どもに正しい金銭感覚を身につけさせる方法を6つ、お伝えします。

①なぜ、お金が必要なのかを教える

大昔：生活するために物々交換をしていた
現代：生活するためにお金という道具で交換する必要が生まれた

日本の最初のお金は「お米」と伝えられています。しかし、お米では日持ちがしないため、その後腐らない金属のお金が誕生しました。

今では、お金という道具は一般的に、労働力（働くこと）の提供で得られるものので、得られるお金の量には限りがあることを教えてあげてください。

さらに、自分自身で必要なだけのお金を稼ぎ、稼いだお金を上手に使って生活することが大切だということを最初に伝えておきましょう。

②自分のモノ、人のモノ、という意識

お子さんの筆箱に、本人の物でない鉛筆や消しゴムが入っていませんか？

×：「名前が書いてないから……」と、そのままにする

○：先生に渡す

名前が書いてない場合、先生に渡すように言いましょう。たとえ鉛筆1本、消しゴ

ム1個でも、人の物が自分の物に混ざっているのはよくありません。自分のモノ、人のモノの意識は小学生のうちに学ばせてください。

③買い物のおつりはきちんと返させる

お子さんにおつかいに行かせた時、「おつりはあげる」と言っていませんか？　たとえ1円でも、おつりはきちんと親に返すようにさせてください。収支感覚を身につけさせることは非常に大切な早期教育のひとつです。思春期が訪れてしまうと自分の欲求が邪魔します。

スーパーに一緒に買い物に行く時は、お子さんの前で買うものをメモしてから行くようにしてみてください。「計画的に必要なものを買うためにメモするんだよ。無駄遣いはもったいないからね」と言えば、金銭感覚を学ばせる大切な促しになります。

親のこういうつぶやきを耳にしていると、子どもも考えるようになり、計画的に買う賢い消費者として育っていきます。

④ATMで教えること

ＡＴＭでお金を引き出す時は、「お父さんとお母さんが一所懸命働いたお金が銀行に入っているのよ。それを今、引き出すの」と教えてあげてください。

最近の小学生は、ＡＴＭに行けばいくらでもお金が出せると勘違いしている子どももいます。「働いた対価としてお金がある」ことを伝えましょう。

⑤親の姿で教える

スーパーで刺身やコロッケを買った時、無料の醤油やソースをもらう時は、人数分だけにしてください。「取り放題だから」とばかりに、ごっそりもらってくることはやめましょう。せっかくの「計画性、必要性、もったいない」という感覚の学びが水の泡になります。

⑥「おごる・おごられる」「お金の貸し・借り」はＮＧ

お子さんのいるところで、大人同士の安易なおごったりおごられたりは、やめてください。理由は、お子さんは小学校で「自分の分は自分で出す」という原則を、常に指導されているからです。

同じように、お金の貸し借りをする姿も見せないようにしましょう。

お金がない時は、買わずに我慢することの大切さと感覚を身につけさせることで、「お金がなくなったら借りればいい」という悪い習慣を未然に防ぎます。

収支のバランス感覚は小学生の時に身につけるべき大切な習慣です。

まとめ

家庭でのお金に対する考え方で正しい金銭感覚が育つ

「お小遣い定額制」が子どもを賢い消費者に育てる

お金の教育で一番大切なのは、自分の欲望をコントロールする力をつけることです。そこで私の一押しは、お小遣いの定額制です。

1週間、2週間、1ヶ月などで金額を決めて、お小遣いを渡します。

もらったお小遣いを欲望のままに衝動的に使ってしまえば、次にもらうまで何も買えません。これで**欲望をコントロールする力**を育てます。

また、**貯蓄という概念を身につける**ことにつなげていきます。使うのを我慢していればお金が貯まっていきます。これは子どもにとってもうれしい経験であり、ひとつの促しになります。

お小遣いは3つに分けることを教えましょう。**①自由に使うお金、②家族や友達へのプレゼント、募金など、人のために使うお金、③いざという時のためのお金（貯金）**です。

そして、お小遣いの定額制をはじめると同時に、お小遣い帳も記入させましょう。

項目としては、日付、もらった金額、買った物とその金額、残りのお金、ここまでは普通ですが、加えて「自己評価◎○△×」も書き込むように促しましょう。**それを買ってよかったかどうか、あとで自分で評価（振り返り）する項目です。**

この評価は買った時ではなく、次のお小遣いをもらった時につけます。この振り返りが肝で、無駄な衝動買いをしなくなるように自分で確かめることができます。

【レシートに金銭感覚を促してもらう方法】

もうひとつの方法があります。お小遣い帳に買った物のレシートを貼りつけるのです。そうすると、簿記という考え方が身につきます。簿記とは、帳簿記録（収支記録）のことです。

そして、お小遣いをもらう都度、親にお小遣い帳を見せるようにします。見せられた親はサインでもスタンプでもいいので、金額や買い物そのものの確認をしてください。お家の人による会計監査です。

さらに、その時に自己評価を親と一緒に行なうとベストです。

お小遣いの定額制、お小遣い帳、自己評価（振り返り）と監査。この3つが欲望コントロール力を身につけるための王道の3点セットです。

お小遣い帳をつけるなんて面倒なことは無理というお子さんもいるでしょう。その場合は、3点セットの内のお小遣い定額制だけでも十分です。

お小遣い帳がなければ自分の頭で管理するわけですが、それでも定額制を実行していれば欲望をコントロールする力はつきます。

お子さんの様子を見ながら、慣れてきたら期間を長くして、一度に与える金額も大きくします。

お小遣いの使い道は子ども自身に考えさせる

さらに、お菓子やおもちゃを買うためだけでなく、学校で必要なノートや鉛筆などの文房具類を買うお金も含めて与えていきましょう。つまり、より大きな範囲でより大きな金額にして、お子さんの裁量範囲を少しずつ広げていくのです。

振り返りと監査を積み重ねながら、お子さんに合ったペースで進めれば、お金を扱う力は着実に確実に伸びます。

残念ながら、「お金を扱う力」は日本の小学校の授業にはありません。私が小学校でお金の出張授業をして感じるのは、お金に対する見方や考え方は家庭でしか教えることができないということです。

お金の教育というと、金融商品や株式などの投資教育のことを頭に浮かべる人もいるかもしれませんが、その前に幼い頃から教えなければならないことがあると、はっきり申し上げます。欲望をコントロールする力のない人にいくら投資教育をしても最終的には投棄になるだけです。

まとめ

お小遣い定額制で「ほしい」をコントロールする

これからの子育てでカギを握るのは「親の精一杯の応援」

日々、刻一刻と変化していく世の中。わが子がこれからの時代、未来を力強く生き抜いていくためには、どんな子育てをしていけばいいのでしょうか？

10年後、今の職業の50％がなくなると言われるロボット・ＡＩ時代を生きていくためには、自分のやりたいことを、自分でどんどんやっていく自主性のある人になる必要性があります。社会の歯車になり、上司に言われたことを効率よくこなす……という人では、生きていくのが難しいでしょう。

【小学校の学校教育が「知識詰め込み」から「能動的に学ぶ」へ大改革】

「アクティブ・ラーニング」という言葉を聞いたことがありますか？　これは、新学習指導要領の一番の目玉とされているもので、「主体的に学ぶ力を育てる」ということです。わかりやすく言うと、今までの先生からの知識詰め込み教育ではなく、子どもたちが自ら主体的に学ぶ教育に転換していく・評価していくということです。

この新学習指導要領は、小学校では2017年4月から導入され、2020年度には完全移行されます。つまり、今回の改訂は旧型教育に見切りをつけたということになります。

アクティブ・ラーニングの例として、私の娘が小学3年生の時に社会科見学と日本舞踊の授業で体験したことをご紹介します。

社会科見学は区内の印刷工場に行きました。いつも目にする小さい家庭用のプリンターではなく、大きな印刷機を見学してきました。

見学から帰ってきた娘は、得意気に話してくれました。

娘：「パパ、知ってる？　印刷機って、すごく長いんだよ！」

私：「どのくらい長いの？」

娘：「なんと18メートル！」
私：「おー、長いねー」
娘：「でも印刷機に紙をセットすると、すごい速さで印刷されて出てくるの！　しかも、その印刷機のお値段が……」
私：「おいくらでした？」
娘：「なんと、なんと！　車100台分だって！」
私：「え〜！」
娘：「工場の人も言ってたけど、紙だけじゃなくてプラスチックやビニールにも印刷できちゃうんだって！　すごくない？」
私：「早くて何にでも印刷できるなんて魔法だなー」

そして学校に帰ってから、みんなで印刷工場の方へお礼のお手紙を書いたそうです。娘はお礼のお手紙に、印刷機について質問を書いたところ、お返事がもらえたそうです。

その質問は「どうやってこんなに大きな印刷機を工場の中に入れたのですか？」と

いうものでした。お返事はなんと、実際の写真と共に解説が書かれていました。分解された印刷機をクレーンでひとつずつ搬入して、工場の中で組み立てている様子がわかります。そのお手紙は教室に貼られていました。

日本舞踊の授業でも、和太鼓体験や日舞体験を行なったあとにお礼のお手紙をクラスのみんなで書いたそうです。そしてまたまた、手紙に質問を書いたら、日舞の先生からお返事がいただけました。

社会科見学、体験授業とはいえ、娘は関わった大人から返事がもらえたことがうれしかったようで、手紙を書くことが大好きになったようです。その後、ことあるごとに友達への手紙やメモを書くようになりました。

今後は、**自分の人生を自分で展開できる「主体性」と「能動力」が求められます。**親がすべきことは、子どもがやりたいことの芽を摘まないことです。**子どもがやりたいこと、興味を持ったことを親が応援してあげること**です。そういう環境で育った子どもは、「自分はやれる」という自己肯定感が強く、主体性を持って幸せに人生を生きていけます。

「言われたことはしっかりできるけれども、特に自分でやりたいことはない」こういう生き方は過去の生き方になります。そもそも人は、自分の人生を自分で展開する、そのために生まれたのですから。

子どもが笑顔になれること、輝けることを、親として精一杯、応援する。それこそが、本当の育児・子育てです。お子さんが、これからの世の中を生き抜いていくための大きな原動力となります。

ご家庭なりの工夫、アレンジ、さらなるアイデアでお子さんを笑顔にしてあげてください。

まとめ

子どもがどんどん学ぶように、親はひたすら応援する

おわりに

本書でお世話になったみなさまに、心からのお礼を記させていただきます。

出版のきっかけをくださり、応援してくださった出版コンサルタント樺木宏さん。言葉の大切さ、読者であるお父さんやお母さんにわかりやすく伝える大切さを、制作を通じ教えていただいた編集担当で2児のママでもある同文舘出版の津川雅代さん。私の塾や学校出張講師として接してきた多くの子どもたち、その保護者のみなさん、学校の先生方。

そして、実例になってくれた娘、本書の校正や原稿を読んで意見をくれた妻。

本当にありがとうございました。


これからの子育ては「子どもと一緒に、家族も成長する」こと。

新社会人の研修講師を約10年、その後、多くのご家庭と子どもたち、そして学校の先生たちに接して10年が経ち、自身が父親になってやっと気づかせてもらいました。

現代では、家庭環境の多様化、価値観の細分化が急速に進み、意見の違い、受け止め方の違い、ぶつかり合いがあるのは当然のことです。

誰のせいでもありません。何がよい悪いでもありません。そこで、本書で登場した「なぜ？」を親子ともに持ち続けることです。

本書を通じて、私はお父さんとお母さんに、「促し」という課題を出しました。今までの先入観や価値観、型とは違い、お子さんが大きく成長する子育てを家庭ごと、子どもごとに見つけることです。この課題にチャレンジしたあと、どんなことをやられたか、ぜひ私に聞かせてください。お父さん、お母さんのアウトプットです。

本書を最後まで読んでくださり、ありがとうございます。

このご縁に心から感謝すると共に、ひとりでも多くの子どもたちが、ひとつでも多くのご家庭が、大きく成長し幸せになることが私の最終ゴールです。

2017年10月

豊田真彰

【著者　豊田真彰　ご案内】

■ 魅錬義塾ホームページ：http://www.mirengijuku.com/

メール：info@mirengijuku.com

ブログ：東京大田区にある「お母さんの勉強しなさい！」がなくなる学習塾

https://ameblo.jp/mirengijuku/

■ ジブリ大好き小学生のビオトープ水槽観察ブログ

https://ameblo.jp/god-tomy/
（娘の情操教育のためにつくった教材水槽の様子を発信）

著者略歴

豊田真彰（とよだ　まさあき）

魅錬義塾 代表 塾長
生涯学習上級コーディネーター、FP、起業教育コンサルタント
大手食品会社にて新人研修の講師として約10年、広告代理店にて人材教育の管理職として約5年勤務、その後、自身の娘の誕生を機に独立起業。公立小学校での出張講師、授業企画の作成、授業支援、親御さんとの教育相談に携わりながら、小学生のための検定試験専門塾を運営。子どもたちには「自分のやりたいことに気づく」を、ご家庭には「子どもを応援しながら親も＋1ステップ成長する」ことをゴールとする。
小学生の「身近な目標づくり」とそのご家庭を応援することをモットーとしている。
子ども自身や親も気づかない強みに気づかせることを得意としており、「真摯に寄り添う」ことが強味。
特に他塾や小中学校ではやらない心理カードゲーム人狼教室は大好評で、小学校への出張教室も年々増加している。

わが子の「自ら学習するくせ」を育てる
親の上手な「促し方」

平成29年11月7日　初版発行

著　者 —— 豊田真彰

発行者 —— 中島治久

発行所 —— 同文舘出版株式会社

東京都千代田区神田神保町1-41　〒101-0051
電話　営業03（3294）1801　編集03（3294）1802
振替00100-8-42935
http://www.dobunkan.co.jp/

ISBN978-4-495-53891-0
印刷／製本：萩原印刷
Printed in Japan 2017
